AF217291

Rainer Runzer,
Christian Bernadotte

Wir bauen eine Krise

www.tredition.de

© 2015 Rainer Runzer, Christian Bernadotte

Verlag: tredition GmbH, Hamburg

ISBN
Paperback: 978-3-7323-7771-8
Hardcover: 978-3-7323-7772-5
e-Book: 978-3-7323-7773-2

Printed in Germany

BAUANLEITUNG TEIL I

Wir bauen eine Krise

Vorwort

Wer hätte nicht gern eine Krise? Mächtig ist schon das Wort. Wer es Ausspricht und somit für sich in Anspruch nimmt, macht unmissverständlich klar, dass in seinem Leben etwas von immenser Bedeutung vorgeht. Es macht aus einem normalen Menschen eine Person die Beachtung findet, weil die Sache um die es geht von Außerordentlichkeit geprägt ist. Eine Krise durchbricht die Normalität und ist nicht einfach mit einem Federstrich erledigt. Die Energie, die sie fordert ist mindestens mit einem Halbmarathon zu vergleichen. Sie bringt alle Varianten an Gefühlen hervor.

Vom erhitzten Gemüt über den feuerroten Kopf mit Schweißausbruch bis hin zur blutleeren Variante mit Todesstarre ist alles enthalten.

Wer in einer Krise steckt, der mobilisiert sämtliche Ressourcen. Die eigenen wie die von Sympathisanten und Mitstreitern. Je größer diese Gruppe der Krisenanhänger ist, desto bedrohlicher wird das Szenario. Sollte die Gefolgschaft ebenso der bedrohlichen Situation ohne Lösungsansatz gegenüberstehen, wird das Ganze zu einem gemeinsamen Großprojekt. Jeder kann nun seine eigenen Befürchtungen mit einbringen. Das Ergebnis ist eine Bedrohung, die so gewaltig zu sein scheint, dass sie sich jeglicher Überprüfung entzieht.

Eine Krise zeichnet sich durch hohe Brisanz und Dringlichkeit aus, eine sogenannte Deadline ist im Anmarsch, die immer schneller näher kommt. Die fatalen Folgen rücken immer näher und scheinen unausweichlich. Ein Lösung muss her: Schnell. Am besten Vorgestern. Wenn jedoch alle gängigen Lösungsansätze versagen, folgen Angst, Panik, Todesstarre. Die Krise ist perfekt.

Was ist also eine Krise?

Eine dringende Problem-Situation, in der unsere bekannte Lösungsstrategien nicht zum gewünschten Ergebnis führen.

Was ist der Auslöser?

Ein Wunsch, Ziel oder ganz einfach eine Vorstellung vom Leben. Ob es nun darum geht, etwas zu verhindern, zu beseitigen oder es zu erreichen, spielt für diese Definition vorerst keine Rolle.

Was macht eine Krise so grauenvoll?

Zum einen die Tatsache, dass wir alles versucht haben und unser Ziel trotzdem nicht erreichen. Zum anderen die immer näher kommende Klarheit des definitiven Versagens. Ob menschlich, körperlich, wirtschaftlich oder einfach das Ende an sich.

Für was ist die Krise nützlich?

Ist sie eine Laune der Natur, ein menschliches Fehlverhalten oder sogar eine Anomalie? Steckt dahinter ein größerer Plan?

Ja, eine Krise ist nützlich. Tatsächlich ist sie ein Mittel zum Zweck, nämlich der Veränderung. Um etwas philosophischer zu werden: Veränderung ist die einzige sichere Konstante unserer Realität. Alles ist in Bewegung. Selbst Gebirge wachsen und schrumpfen mit den Jahrtausenden. Ab einem bestimmten Alter kann man dies Selbst im Spiegel beobachten, da ist plötzlich eine Falte da, die gestern noch nicht existierte, oder für Männer ein blanke Stelle wo gestern noch ein Haar war.

Leben heißt Veränderung und den eigenen Standpunkt zu verlassen gelingt über zwei unterschiedliche Möglichkeiten. Die Krise ist eine davon.

Eine Vermeidungsstrategie

Wie häufig hören wir Klagen von anderen, die sich über Ihr Leben beschweren und dennoch nichts ändern? Sie haben Probleme. Aber Probleme zwingen uns noch nicht, uns zu verändern. Wir können sie ertragen und aussitzen. In der Hoffnung, dass sie sich irgendwann von selbst lösen. Erst eine Krise, die Königin aller Problem-Situationen, zwingt uns zur Veränderung.

Wie?

In meinen Seminaren benutze ich dafür folgendes Bild:

Problem-Situationen sind wie ein Becken, das mit Gülle gefüllt ist. Wir stehen mit beiden Füßen mitten in dieser unangenehmen Flüssigkeit. Der Gestank stört uns, doch steigen wir nicht aus. Warum? Weil diese Position zwei Vorteile hat: Die Gülle wärmt und bietet einen festen Stand.

Mit anderen Worten: Problem-Situationen geben uns eine gewisse Form von Sicherheit, denn wir wissen, mit ihnen umzugehen. Wir sind sozusagen gewohnt mit der Unwegsamkeit zu leben.

Eine Krise hingegen drückt uns tiefer in das Becken. So tief, dass der Unangenehme über die Nasenspitze steigt und wir nicht mehr atmen können. Die Situation wird unerträglich und lebensbedrohlich. Erst jetzt bieten wir unsere ganze Kraft auf, um aus dem Becken zu steigen. Wenn es nicht mehr anders geht.

Ich durfte eine interessante Beobachtung machen: ein Großteil der Menschen, die ich fragte, was sie von ihrem Leben erwarten, sagten mir:

„Ich möchte zufrieden sein" und dies meist mit einem Gesichtsausdruck, der klar zu Verstehen gibt, dass sie dort noch nicht angekommen sind. Ob sie jetzt nur Probleme haben oder schon eine Krise, ist nicht von Belang.

Ist Zufriedenheit wirklich schon das Ende der Fahnenstange? Oder ist sie nicht ein anderer Ausdruck dafür, sich mit seiner Situation abzufinden und das Mögliche auf die realistische Größe zu minimieren? Frage ich nach den Lebensträumen und -vorstellungen (am besten aus der Kindheit), so werden diese mit pseudorealistischen Argumenten in die Tonne getreten oder auf den „St. Nimmerleinstag" verschoben.

„Ich will Spaß und Freude haben, erfolgreich sein, mit Begeisterung und Leidenschaft leben." Warum? Verdiene ich das? Ist ein solches Leben vorstellbar?

Es erscheint uns als eine Utopie, eine romantische, alberne, naive und egoistische Wunschvorstellung. Von Sorgen, Problemen und Krisen des Alltags getrübt, erscheinen uns diese Wünsche als Utopien.

Sollte aber die Verwirklichung unserer Lebensträume- und Vorstellungen nicht der dringendste unserer Wünsche sein? Wollen wir wirklich in unseren Problemen und tägliche Sorgen stecken bleiben? Ihre Wärme und den festen Stand genießen, bis sie zur Krise angewachsen sind? Wie viel Zeit haben wir, wenn es um unser Leben geht? Wann ist der beste Zeitpunkt, unsere Probleme zu lösen? Sie ahnen es: Heute. Denn was morgen ist, wissen wir alle nicht.

Wie kann uns nun die Krise dabei helfen, an diesen Punkt zu kommen?

Ganz einfach: Wir kreieren uns eine Krise, die uns zur Veränderung zwingt. Wir tricksen unser Unterbewusstsein aus, welches permanent den leichtesten Weg sucht. Indem wir tief in unsere Probleme eintauchen, erhöhen wir den Druck, auszusteigen. Wie häufig haben wir schon gehört, dass jemand nach der Krise sein Leben wieder in Hand genommen hat und es jetzt bewusst genießt?

Also auf in die Krise!

Klang das gerade logisch? Sicher. Aber ich fürchte, es ist totaler Schwachsinn.

Immerhin leben viele Menschen nach der Maxime: „Ohne Schweiß kein Preis." Das ist natürlich ein Weg, den man zu seinem Glück nehmen kann. Sicher müssen wir auf unserem Weg zum Glück auch schwierige Zeiten durchmachen. Diese Zeiten adeln uns aber nicht, sondern kosten uns Kraft. Nicht unsere Leiden oder Opfer machen uns glücklich, sondern die Situationen, in denen wir unsere Leidenschaften ausleben können. Es gibt einen zweiten Weg sich zu verändern und den eigenen Standpunkt zu verlassen. Den Weg von Klarheit, Leidenschaft und Begeisterung. Diese Möglichkeit soll in diesem Buch nicht verborgen bleiben.

So viel zu meiner Motivation, dieses Buch zu schreiben. Nun noch ein paar Worte zum Inhalt.

Dieses Buch erzählt die Geschichte eines Menschen, der einen Schnellkurs zum Thema Krise erhält. Unfreiwillig.

Ich habe mich gegen den normalen Aufbau eines Sachbuches entschieden, weil sich mein Thema um etwas dreht, was uns täglich begegnet, somit kann ich die nötigen Informationen in einer Geschichte erläutern, die Ihnen die Möglichkeit gibt, sich mit dem Gelesenen zu identifizieren.

Ich möchte die 7 Bausteine einer Krise erklären. Den Marschallplan, todsicher eine Krise zu bekommen. Warum? Weil wir nur das verändern können, was wir verstehen. Also sehen wir uns erst mal an, wie eine Krise entsteht, bevor wir uns von ihr befreien.

Für diejenigen, die keine Zeit haben, weil sie bereits mittendrin stecken oder Geschichten einfach nur langweilig finden, habe ich diese Notizfelder angelegt. Sie bieten eine kurze Zusammenfassung der Geschichte. Die Informationen in diesen Notizfeldern sind kürzer, beinhalten aber nur eine grobe Zusammenfassung.

„Vier Tage!" Eine Flut aus Wut und Angst erfasst mich.

„Jetzt reg dich nicht künstlich auf. Das hast du schon schneller geschafft."

„Da gab es bereits eine vorhandene Recherche oder schon ein paar Interviews."

Ich zeige auf die Pappmappe, die mir Markus zugeschoben hat.

„Das da ist ein halbes DIN A 4 Blatt und eine Visitenkarte von dem Seelenmechaniker. Das ist nicht mal ein Konzept, sondern ein Hirnfurz."

Ich mache eine Kunstpause.

„Gib mir ne Woche."

Markus faltete die Hände vor seinen Bierbauch. Er schwingt auf seinem Bürosessel hin und her, was bei ihm ein Kopfschütteln ersetzt, seit er einen chronisch eingeklemmten Nackenwirbel hat.

„Keine Chance. Du kannst froh sein, dass Marin krank geworden ist, sonst hätte ich gar nichts für dich."

„Bei der Vorbereitung hat er sich wahrscheinlich die Kugel gegeben."

„Jetzt heul hier nicht rum. Du wolltest einen Auftrag. Das ist er. Wenn du das Geld nicht brauchst, finde ich jemanden, der noch verzweifelter ist als du."

Das Pochen in meinem Hals weitet sich auf meine Schläfen aus. Jetzt heißt es ruhig bleiben, sonst verbringe ich Weihnachten unter Mordanklage.

Markus scheint meine Gedanken zu erraten. „Eigentlich stehen Katrin und Mikka auf der Liste über dir. Ich tu dir hier einen gefallen, Nathan."

OK. Nachricht angekommen: keine Fristverlängerung.

„Dann gib mir wenigstens nen Praktikanten, der für mich recherchiert."

„Klar, aber der geht von deinem Gehalt ab."

„Das geht nicht. Ich brauch die Kohle."

„Dann wirst du´s allein schaffen müssen. Tut mir leid."

„Klar doch."

Ich ziehe die Mappe vom Tisch und gehe. Noch bevor die Tür ins Schloss fällt, wählt mein Handy die Nummer von Zuhause.

„Hallo?"

Ihre Stimme klingt nach Stress und blank liegenden Nerven. Wahrscheinlich machen die Kinder wieder Terror. Verdammte Ferien.

„Ich bin´s. Du kannst die Bestellungen abschicken."

„Und das Geld?"

„Bekomm ich bald."

Schweigen am anderen Ende. Ein stummes „Du überzeugst mich nicht".

„Dafür muss ich die nächsten vier Tage Vollgas geben."

„Und das klappt?"

„Es muss."

1. Der Königsweg

Mit reichlich Schwung stellt die Kellnerin die Tasse auf meinen Tisch. Ich glaube sie heißt Gabi. Aus ihrem Gesicht strahlt mir ein stechend roter Lippenstift entgegen, der zum Lack ihrer Fingernägel passt. Nur nicht zu ihrer Miene, die sich nur einmal im Jahr an Weihnachten zu rühren scheint.

Ohne zu fragen, ob ich noch etwas bestellen möchte, dreht sie sich um und geht. Ignorant wie immer.

Mein Stimmungsbarometer sinkt noch tiefer. Wenigstens der Espresso ist genießbar. Doch wegen des Kaffees bin ich nicht hier, sondern weil ich hier am besten nachdenken kann. Direkt vor der Glasfront des Cafés verläuft die Fußgängerzone. Gäste aller Gehaltsstufen treffen sich hier. Ein Großteil meiner besten Ideen kam mir genau hier.

Ich ziehe die Mappe hervor, die Marin so gewissenhaft vorbereitet hat. Die Visitenkarte gehört einem Dr. Karl Späth, Psychotherapeut. Das zweite Blatt sieht aus wie der Anfang eines Konzepts.

Krise

Nichts vermag unser Leben so grundlegend zu verändern wie eine Krise. Krisen markieren die häufigsten Wendepunkte unseres Lebens. Sie stehen für Angst vor Verlust und Versagen, aber auch für die Chance der Entwicklung. Krisen sind die Ausnahmesituationen unseres Daseins. Sie bringen uns an unsere Grenzen.

Das sollte wohl die Einleitung der Reportage werden. Noch während ich den Text lese, höre ich Marins tiefe, ernste Stimme, wie er den Zuhörern einen Crashkurs zum Thema Krise verpasst.

Ich stehe also tatsächlich ganz am Anfang. Die Bibliothek kann ich vergessen, dafür fehlt mir die Zeit, und das Internet meide ich bei Recherchen grundsätzlich. Frisst zu viel Zeit und bringt doch keine fundierten Ergebnisse. Ich krame mein Handy aus meiner Ledertasche und wähle die Nummer des Therapeuten.

„Praxis Dr. Späth, Kammer am Apparat."

„Guten Tag, hier ist Nathan Voght, Radio Zeitlos. Ich mache eine Reportage zum Thema Krise und würde gerne einen Interviewtermin mit Dr. Späth vereinbaren."

„Einen Augenblick bitte."

Ein verzerrtes Klavierstück quält sich durch meinen Kopfhörer.

Weiß der Teufel, wo die Leute diese Aufnahmen her nehmen. Ich vermisse das Schweigen in der Leitung, wie es noch vor zwanzig Jahren üblich war. Da behielt man das Telefon am Ohr ohne Würgereiz zu bekommen.

„Herr Voght?"

Nein hier ist sein Sekretär. Herr Voght verziert gerade die Holzfliesen mit seinem Frühstück. „Ja?"

„Herr Dr. Späth ist gerade in einer Sitzung. Kann er sie später zurückrufen?"

„Natürlich. Auf der Nummer, die sie in ihrem Display sehen, bin ich den ganzen Tag zu erreichen."

„Vielen Dank. Auf Wiederhören."

„Ja, Wiederhören."

Dann muss ich mit was anderem anfangen. Am besten hole ich mir erst mal die Zeitung. Da wimmelt es nur so von Krisen. Vielleicht ist ein Aufhänger für mich dabei.

Ich schlurfe durch das leere Café. Vorbei an einem alten Mann mit grauem Rauschebart, der ein Buch liest. Stammgast, so wie ich. Das Buch sieht nach Akademikerlektüre aus: liebloser Einband mit viel zu langem Titel. Vor ihm steht ein Teller mit Krümeln und eine halbleere Tasse mit Tee. Sind diese Dinger aus Glas nun Teegläser oder Glastassen? Vielleicht beides.

Die Zeitung hängt an einem Haken in der Nähe der Glasfront. Hier sitzt noch ein früher Gast. Eine Frau in gelbem Kostüm, die in die Fußgängerzone hinaussieht und mechanisch in ihrer Tasse rührt. Der Schmuck ist dezent, verrät aber einen gewissen Wohlstand. Wie gesagt: hier treffen alle Schichten aufeinander. Zur Mittagspause werden sicher wieder ein paar Handwerker und Studenten hier aufschlagen. Ein bunter Mix, der die Fantasie anregt.

Wieder an meinem Tisch mache ich mich über die Schlagzeilen her. Ein Luftzug, der die Dezemberkälte in das Café weht, drückt mir die dünnen Seiten entgegen. Ich versuche, dagegen zu halten. Erfolglos. Also presse ich die ganze Zeitung auf den Tisch. Das Geräusch des Papiers knistert durch den Raum. Wer immer die Zeitung als nächster lesen möchte, wird ein Bügeleisen brauchen.

Noch bevor ich zur Tür sehe, drückt sich eine kalte und nasse Nase an meine Hand. Hektor schnüffelt und leckt abwechselnd an ihr. Er sabbert weniger als üblich. Ein schwacher Trost, denn der Dogge folgt nun das Herrchen.

„Platz."

Andreas setzt sich unaufgefordert an meinen Tisch.

„Platz jetzt."

Mit seinen dünnen Händen drückt er Hektors widerspenstigen Kopf in Richtung Boden. Es geht doch nichts über einen gut erzogenen Hund.

„Rate mal, mit wem ich mich jetzt gleich treffe?"

Mit deinem Schönheitschirurgen, der dir das Grinsen aus dem Gesicht operieren soll? denke ich.

„Keine Ahnung. Mit wem?"

„Ich hab doch einen Liegeplatz für mein Segelboot gesucht..."

Schnell greife ich nach meiner Tasse. Sie ist leer. Verdammt. Jetzt muss ich ihm zuhören, ohne etwas zu haben, womit ich meine Hände beschäftigen kann.

„Du segelst?"

Sein längliches Gesicht verzieht sich zu einer Grimasse gespielter Enttäuschung.

„Seit drei Jahren schon."

Und noch nicht den Admiralscoup gewonnen? Na egal, vielleicht merkt er an meinem erstaunten Gesicht, dass es mich nicht interessiert. Aber schon quält er mich weiter mit seinem selbstgefälligen Gequassel über die Probleme, einen Liegeplatz zu bekommen.

Sein Vortrag wird zweifellos den Schluss haben, dass er es auf seine unvergleichliche Weise geschafft hat, doch einen zu kriegen.

Andreas war schon immer ein Angeber, doch seit seiner Beförderung in die Geschäftsleitung ist er völlig abgehoben. Und jetzt stört mich der Typ auch noch bei der Arbeit.

„Ich hatte mal einen Schulkollegen, zu dem ich erst meine Beziehungen spielen lassen wollte. Die Eltern stinken vor Geld und besitzen drei Bootsstege mit sechzig Liegeplätzen. Doch das war mir zu peinlich. Bin ja kein Bittsteller." Warum erzählst du mir es dann. Außerdem hast du so viel Pietätgefühl doch gar nicht.

„Klar."

„Dann hab ich mir gedacht, ich mach es so wie mein Mitschüler auf der Segelschule. Der hat sich ein Bootseignerschaft mit einem Rentner geteilt, der am liebsten unter der Woche in aller Ruhe auf dem See rumschippert und am Wochenende zuhause bleibt, doch so einen Rentner kann ich mir ja nicht aus dem Hut zaubern. Miete kommt für mich auch nicht in Frage, das machen nur Arme, und bei der Rederei Martin will ich mir kein Schiff kaufen, nur um für drei Jahre einen Liegeplatz zu haben."

Abgesehen davon könntest du dir das nicht leisten.

Das ist was für Leute, die bereits drei Häuser haben und sich aus Langeweile noch ein Boot anschaffen.

„Dann hab ich von nem Freund erfahren, dass er eine reiche Witwe kennt, die einen schönen Scherenkreuzer im eigenen Hafen liegen hat. Ein Erinnerungsstück an ihren verstorbenen Mann, das bewegt werden muss, und dafür sucht sie noch jemanden."

Toll, dann ist die Geschichte gleich zu Ende.

„Is ja ein toller Zufall."

„Du musst nur die richtigen Leute kennen. Aber dieser Deal kommt für mich auch nicht in Frage, immerhin will ich mein eigenes Schiffchen fahren und nicht davon abhängig sein, dass die Frau das Boot behalten will und dass ihr meine Nase passt. Aber du weißt ja, wie gut ich mit Menschen kann..."

Wo ist die Kamera wenn du sie brauchst? Das sollte ich aufnehmen und ans Fernsehen schicken. Deutschland sucht das größte Ego.

„Ich hab doch jeden Donnerstagabend meinen Stammtisch in der Hafenkneipe, nicht dass ich so ein Stammtischbruder bin, doch durch meine angenehme Art, sagt nach 3 Monaten der Hafenmeister zu mir, ich soll doch meine Bewerbung um einen Liegeplatz morgen vorbeibringen, denn es wird entschieden, wer den neuen

Platz bekommt, der nächste Woche frei wird. Jeden will man ja auch nicht im Hafen, aber ich sei ja so ein netter Menschen, dass er sich für mich einsetzen würde."

Andreas schlägt auf den Tisch, wohl aus Begeisterung. Ich zucke zusammen und versuche, zu lächeln.

„Der Hammer, oder?"

Ohne eine Antwort abzuwarten, steht er auf.

„Und jetzt treffe ich mich gleich mit jemandem, der sein Boot verkaufen will. Cool oder?"

Unvermittelt steht Andreas auf und schlendert zu einem Tisch nahe der Fensterfront. Hektor braucht einen Augenblick, um zu bemerken, dass es weiter geht. Die Dogge trottet hinter seinem Herrchen her und setzt sich mit erwartungsvollem Schwanzwedeln vor seinen Stuhl. Wieder wird sein Kopf zu Boden gedrückt.

Ich streiche die Zeitung so glatt es geht. Da trifft ein dumpfes Geräusch mein Ohr. Bwm!

Ich glaube, das kam von der Eingangstür. Da, schon wieder. Bwm! Die Eingangstür ist aus massivem Holz. Die Beschläge aus Messing. Ein kleines Fenster mit dickem Fensterkreuz ermöglicht einen Blick nach draußen. In diesem Fleck aus Tageslicht erscheint das Gesicht eines Mannes, das mich sofort an die amerikanische Bulldogge aus „Tom und Jerry" erinnert.

Genauso mies gelaunt und cholerisch starrt er in das Café. Offenbar sieht er nicht, dass die Kellnerin ihm ein Zeichen gibt, er soll den Eingang um die Ecke benutzen. Nach dem Motto „So haben wir das schon immer gemacht" wuchtet er sein Gewicht ein drittes Mal gegen die Tür. Bwm!

Der gute Mann hat ja eigentlich Recht. Hier geht's rein, doch seit zwei Monaten ist der Türschließer defekt. Deshalb auch das große Schild an der Tür, dass die Gäste bitte den zweiten Eingang in der Fußgängerzone benutzen sollen. Die Bulldogge scheint jedoch fest entschlossen, das Problem auf ihre eigene Art zu lösen. Die Tür muss irgendwann ja nachgeben. Noch bevor die Kellnerin das Fenster in der Tür öffnen kann, wirft er sich ein viertes Mal dagegen. Bwm!

Dieses Verhalten erinnert mich an eine Geschichte, die ich mal gelesen habe („Who moved my cheese" von Spencer Johnson). Es geht dabei um Mäuse und Zwerge, die in einem Labor-Labyrinth in den Kammern nach Käse suchen. Beide finden auf ihre eigene Art dieselbe Käsekammer. Die Mäuse der Nase nach und mit Mut, die Zwerge Stück für Stück vortastend. Nur kein Risiko eingehen.

Nach einer Weil war der Käse in der Kammer von den Vieren aufgegessen.

Die Mäuse, die sich nur auf ihre Sinnen verlassen, suchen die alte Käsestelle gründlich ab und erweitern dann ihre Suche. Bald schon haben sie eine neue Kammer mit Käse gefunden.

Die Zwerge hingegen gehen den gewohnten Weg zur alten Fundstelle. Als sie merken, dass kein Käse da ist und auch keiner mehr kommt, fangen sie an zu schimpfen.

„Wer hat unseren Käse geklaut? (Who moved my cheese?) Wir haben doch verdient, hier den Käse zu finden. Das ist unser Käse, wir haben ein Recht darauf."

Schließlich geht einer der Zwerge dann doch das Risiko ein, den Käse woanders zu suchen. Mit Erfolg und gerade noch rechtzeitig. Ein typisches Beispiel dafür, dass wir Menschen (Zwerge) Gewohnheitstiere sind.

Der Bulldoggenmann hat inzwischen den Weg ins Café gefunden. Die Kellnerin erwartet ihn bereits. Sie stemmt ihre Hände in die Hüften, was sie wohl bedrohlich aussehen lassen soll. Allerdings ist sie so dünn, dass der Versuch scheitert. Der Mann zeigt sich unbeeindruckt. Und uneinsichtig. Er wirkt eher so, als ob er die Sau sucht, die ihm seinen Eingang versperrt hat.

„Draußen hängt ein Schild, dass sie den anderen Eingang benutzen sollen." Quakt die Kellnerin.

„Das hängt da schon seit Monaten. Als ich das letzte Mal hier war, hieß es, die Tür sei in einer Woche repariert."

„Es dauert halt etwas länger."

„Das ja nichts Neues."

„Jetzt reicht´s aber. Wenn Sie was trinken wollen, suchen sie sich ´nen Platz. Sonst können sie gerne woanders hin gehen."

Die Kellnerin rauscht davon. An der Stelle der Bulldogge würde ich mir gut überlegen, ob ich hier bleiben soll oder nicht.

Jetzt scheint es ihm jedoch ums Prinzip zu gehen. Der Mann stapft zum Tisch bei der Kuchenvitrine, die direkt neben dem Haupteingang steht, den er erfolglos zu stürmen versuchte. Er sitzt mir schräg gegenüber. Seine Augen tasten die Tische ab, als wolle er sich ein Opfer suchen.

Absichtlich langsam nehme ich die Zeitung vom Tisch und verschanze mich dahinter. Bloß keine Aufmerksamkeit erregen, bis er seine Bestellung bekommen hat.

Wieder überfliege ich die zerknitterten Seiten. Allerdings bin ich so darauf bedacht, keine Aufmerksamkeit zu erregen, dass ich mich auf nichts konzentrieren kann. Automatisch blättere ich bis zum Feuilleton. Die Rätsel- und Witzseite grinst mir bunt entgegen.

Ein Comic zeigt drei Ameisen, die hinter einander herlaufen. Unter dem Comic steht:

„Drei Ameisen gehen in der Reihenfolge A, B und C durch die Wüste von Oase 1 zu Oase 2. Immer hintereinander her. Ameise A sagt: Vor mir läuft keine Ameise und hinter mir 2 Ameisen. B sagt: Vor mir läuft eine Ameise und hinter mir eine Ameise. C sagt: Vor mir läuft keine, hinter mir 2. Wie ist das möglich, wenn die Ameise hintereinander in die gleiche Richtung laufen?"

Hm, mal überlegen: Die Ameise C sagt als einzige etwas, das nicht passt. Ich könnte das Bild auf den Kopf drehen, dann ist Ameise C vorne. Aber die drei laufen dann in die andere Richtung, also ist C wieder hinten.

Auf der anderen Seite der Zeitung klirrt es. Offenbar hat die Bulldogge gerade sein Getränk bekommen.

„Ich möchte noch ein Stück Streuselkuchen dazu."

„Gibt´s noch nicht. Wir haben nur das, was in der Vitrine steht."

Blödsinn. Ich selbst habe vorhin Streuselkuchen gefrühstückt. In der Vitrine steht nämlich nur Rhabarberkuchen, der garantiert mehr als einen Morgen gesehen hat.

„Dann eben den."

Das muss gerade ein kleines Hochgefühl in der Kellnerin auslösen. Wie einem eine kleine Lüge doch den Tag versüßen kann. Sie will gehen. Ich senke die Zeitung, fange ihren Blick auf und hebe die Hand.

„Noch einen Espresso bitte."

Ich sehe kein Lächeln, kein Funkeln in den Augen. Sie nickt nur. Mehr kann ich wohl nicht erwarten. Ich spiele mit dem Gedanken, mir noch einen Streuselkuchen zu bestellen. Aber ich glaube nicht, dass sie freundlicher wird, wenn ich sie mit ihrer Lüge konfrontiere.

Da kommt mir die Idee: Ameise C lügt. Nicht die eleganteste Lösung aber dafür die einfachste. Auf Seite 9 steht die Lösung. „Ameise C lügt". Wie einfach, doch wer wurde schon mal von einer Ameise belogen?

Ich lege die Zeitung weg und greife nach meiner Tasche auf dem Boden. Zeit, mit der Arbeit anzufangen. Ich sollte erst mal das Thema Krise mit Schlagworten einkreisen, um mir einen Überblick zu verschaffen.

Den neuen Block finde ich auf Anhieb, der Stift hat sich jedoch irgendwo versteckt. Ich zucke zusammen. Etwas gleitet über meine Hand. Es ist warm und glitschig. Wie eine Schnecke, die gerade aus der Sauna kommt. Hektor sitzt vor mir und blickt mich unschuldig mit seinen geröteten Augen an.

Ein Sabberfaden hängt aus dem rechten Winkel seiner Schnauze.

Ich wische mir die Hand an der Hose ab.

„Lass das. Ich bin doch kein Putzlumpen für Kälber."

„Hektor, Platz."

Hektor pariert.

„Du glaubst nicht, was mir vor ein paar Tagen passiert ist." Sagt Andreas und setzt sich wieder an meinen Tisch.

„Du wirst es mir trotzdem erzählen."

Wie als Bestätigung ignoriert Andreas meinen Kommentar und fängt einfach an.

„Neulich hetze ich ins Kaufhaus und renn am Eingang fast den Pfannenfritzen um. Du kennst doch die Typen: fettige Haare, billiger Anzug und manchmal ein zarter Duft von Alkohol. So ein Verlierertyp halt, der so spannenden Krimskrams wie Pfannen, Internetverträge und Zeitungsabos verhökert."

Du denkst ja nett von deinen Mitmenschen. „Und da quatscht mich der Kerl auf einmal an. Hallo Andreas, sagt der und ich hab gedacht ich fall vom Glauben ab: da stand wahrhaftig Klaus vor mir."

Andreas macht eine Kunstpause und sieht mich erwartungsvoll an.

Wahrscheinlich soll ich jetzt ein fassungsloses Nein...! anstimmen. Ich aber verstehe nur Pfannenfritze.

„Klaus?"

Wenn ich ehrlich bin, hab ich eine Ahnung, von wem er redet. Und neugierig bin ich auch irgendwie, aber ich will Andreas die Aufmerksamkeit nicht geben, die er sonst mit diesen Geschichten bekommt.

„Mensch Nathan, für einen Reporter bist du heute ganz schön langsam."

„Weißt du, wie viele Leute ich kenne, die Klaus heißen?"

„Ok, ok. Ich meine meinen super erfolgreichen Vorgänger. Klaus Zetschmann. Der Held des Verkaufs schlechthin. Unser Chef hätte ihm damals schier ein Denkmal in der Eingangshaller errichtet."

„Zu Recht. Ein begnadeter Verkäufer. Er hat euch damals an die Spitze gebracht."

„Und jetzt, ein abgehalfterter, speckiger, schmieriger Ramschschleuderer."

„Jeder hat mal einen Durchhänger."

Ich kritzle Klaus in mein Notizbuch. Klaus steckt offenbar in einer Krise. Vielleicht könnte ich ihn interviewen.

„Der konnte doch nur eins: Geschäfte aufreißen und Sonderdeals vereinbaren."

„Und mit Erfolg."

Andreas winkt ab.

„Wohl eher mit Glück. Er hat sich von ´nem Taiwanesischen Elektrokonzern abwerben lassen. Hat gedacht, dass er mit der gleichen Verkaufsmasche deren Elektroschrott auf den Markt bringen kann wie unsere „Made in Germany" – Premium Produkte. Damit ist er aber ordentlich auf die Schnauze gefallen. Das läuft doch nicht. Wenn man mal 'nen Marketing-Gag gelandet hat, ist schon bei der Wiederholung der Lack ab."

Andreas grinst. Ich ertappe mich beim Gedanken, dass ich ihm einen ähnlichen Niedergang wünsche. Böser Nathan, Platz. „Klar, Klaus war ein Hecht, aber unser Firmennamen hat ihm die Türen geöffnet. Bei den Taiwanern war er aber nicht mehr der Starverkäufer vom Premiumanbieter, sondern Hauptverschleu-derer der Billigkopie. Die Kunden haben ihn abblitzen lassen und er musste sich schnell was anderes suchen."

Wieder macht Andreas eine Kunstpause, um zur Schlussfolgerung auszuholen.

„Das kommt davon. Einmal mit einer Masche Glück gehabt und die dann tot reiten.

Das muss doch ins Auge gehen."

Als wärst du besser, du Lackkratzer. Notiz: Wiederholung, festgefahren.

„Danach ging er zu einem Hersteller von Glühlampen und hat es fast geschafft, ihn in den Ruin zu treiben. Natürlich mit der gleichen Masche. Hat die Arroganz des Premiumverkäufers bei jedem auf den Tisch geknallt und Sonderkonditionen vereinbart. Das war bei uns vielleicht richtig, aber doch nicht bei einer Massenware wie Glühbirnen. Nach einem Jahr hatten 32.000 Kunden individuelle Konditionen. Das Chaos kannst du dir ja vorstellen. Da hat der Unternehmensgründer persönlich die Notbremse gezogen."

Endlich kommt mein Espresso. Während ich den Zucker dazu gebe und umrühre frage ich mich, wie Andreas an all die Informationen gekommen ist. Da muss jemand geplaudert haben, denn von Klaus weiß er das alles sicher nicht.

„Klaus flog in hohem Bogen raus. War natürlich gegen seine Ehre und er hat ein Riesen Tamtam gemacht. Danach hat er drei Jahre lang jedes Angebot abgelehnt, weil´s unter seiner Würde war. Unser Konkurrent hat´s mit ihm versucht und ihn schon nach drei Monaten gefeuert.

Und jetzt steht er so beschissen da, dass er alles annehmen muss, was er kriegen kann.

„Armer Kerl."

„Find ich nicht. Der war einfach zu arrogant, um sich anzupassen. Wenn sein Weg nicht funktioniert hat, waren die anderen schuld. Die Taiwaner hatten das falsche Produkt, der Glühlampenhersteller die falsche Mannschaft und so weiter."

So wenig ich Andreas leiden kann, er hat Recht. „Und jetzt kommt´s: Glaubst du, er hat was draus gelernt? Ich hab mich kurz mit ihm unterhalten. Er meint immer noch den Königsweg zum Erfolg zu kennen. Die anderen können seinem Sachverstand nur nicht folgen. Sagt er, hält mir eine Bratpfanne unter die Nase und fragt, ob ich sie kaufen will."

Das Lachen könnte ich dir gerade aus dem Gesicht schlagen. Was maßt du Emporkömmling dir an? Ohne die Erfolge von Klaus hättest du nie diese Position und deine Firma nicht diese Stellung. Notiz: Königsweg.

„Und, hast du?"

Zum ersten Mal verschwindet das Lächeln aus Andreas´ Gesicht. Hat er also nicht. Obwohl er sich es locker leisten könnte, nem armen Kerl – ob nun arrogant oder nicht – eine Pfanne abzukaufen.

„Jedenfalls..."

Meine Aufmerksamkeit schweift ab. Eine Blondine betritt das Café. Sie bleibt am Eingang stehen und sieht sich die Leute an den Tischen an. Sie sieht auf die Uhr und setzt ihre regungslose Suche fort.

„Schau mal, die hübsche Blonde da hinten. Willst du von der vielleicht das Boot kaufen?"

Das waren die richtigen Schlagwörter: hübsch, blond und kaufen. Andreas nimmt Witterung auf und steuert auf sie zu. Gefolgt von Hektor, der so aussieht, als würden ihm die dauernden Ortswechsel auf die Nerven gehen. Wenn er das nächste Mal die Schnauze so aufreißt, sag ich ihm die Meinung. Luftpumpe.

Stumm nippe ich an meinem Espresso. Einen Gedenkschluck für Klaus, wenn man so will. Werde gelegentlich die Kaufhäuser abklappern und ihn zum Essen einladen. Trotz seiner Überheblichkeit hatte er sich immer um seine Freunde gekümmert.

„Dr. Späth."

Ich sollte mal den Klingelton ändern, fast hätte ich mein Handy überhört. Fast jeder zweite hat den, deshalb ignorier ich ihn meist.

„Natan Vogth hier. Guten Morgen"

„Markus hat mich schon angerufen und mich vorgewarnt."

Seine Stimme ist knapp und klar.

„Machen wir es kurz. Sie brauchen ein Interview und ein paar Tipps und ich habe keine Zeit. Markus zu liebe, würde ich meine Mittagspause opfern. Was halten Sie davon?"

Irgendwie komisch, auf der einen Seite war dies fast schon ein Befehl, aber auf eine Art, die sympathisch rüber kommt.

„Das passt."

Eine andere Möglichkeit hab ich ja eh nicht. „Ich sitze schon im Cafe Pascal, in der Fußgängerzone."

„Kenn ich. Um 12:30 Uhr?"

„Ja"

„Bis dann". Klick. Das war's.

Der Einband ist schön, riecht noch nach Leder und an der linken oberen Ecke eine kleine Narbe. Blankes Papier. Keine Linien oder Kästchen. Meine Liebste hat es mir das Notizheft zum Nikolaus geschenkt. Ich freue mich zu sehen, wie es sich langsam mit meinen Erkenntnissen über Krisen füllen wird. Die nächsten Tage wird es mein treuer Begleiter sein.

Andreas schießt mir immer wieder durch den Kopf. Verdirbt mir die Laune. Was maßt sich dieser Typ doch an. Klaus ist doch ein armer Mensch. Tiefer fallen geht wirklich nicht. Vom Tophelden zum Topfhelden.

Vom BMW 7er zum bezuschussten Busticket. Der hat wirklich eine Krise.

Das ist so wie mit dem Dicken an der Eingangstür. Beide haben mal einen Weg gefunden wie's geht und von dem wird nicht abgewichen. War ja mal erfolgreich. Ob Türen oder Märkte öffnen. Sobald sich die Welt aber weiter dreht und eine kleine Abweichung eintritt, klappt es nicht mehr. Da baut sich Druck auf, wie Wasser vor einem Hindernis. Und anstatt die Strategie zu ändern, geben sie nur noch mehr Gas. Nach dem Motto „viel hilft viel". Immer mehr Druck geben. Aber nicht in Richtung Ziel sondern Richtung Hindernis. Das Verstärkt sich, getreu dem Naturgesetzt „Druck erzeugt Gegendruck". Ein anderer Weg wäre wohl schlauer.

Hab ich wirklich was von Andreas gelernt? Das will ich ihm lieber nicht verraten, sonst wieder er noch herablassender.

Nix wie aufschreiben.

Wenn ich eine Krise haben will, ist es sehr hilfreich wenn ich mich in meiner Flexibilität beschränke. Ich versteife mich nur auf einen Weg. Dadurch erhöht sich die Wahrscheinlichkeit, dass ich mein Ziel nicht erreiche und somit sinken meine Erfolgschancen. Die Angst vor dem Versagen, das dabei Auftritt, ist sehr hilfreich.

---

2. Die Deadline

Handschrift ist einfach etwas Schönes. Schwarzer Füller, etwas dicker. Der Klassiker für alle, die was werden, dachte ich, als ihn mir mein Vater zum Abitur schenkte. Gemacht für die schwungvolle Unterschrift unter dem Arbeitsvertrag mit 500.000 Euro Jahresgehalt. Jetzt kritzle ich um mein Weihnachtsgeld.

Meine Erkenntnis aus dem Treffen mit Andreas hat mir zum Schluss ein inneres Hoch verschafft. Die Befriedigung, dass ich von dem Angeber etwas für mein Krisenprojekt gelernt habe, ohne dass er es weiß, lässt die Gedanken nur so auf die Blätter purzeln. Häme und Sieg über seine Arroganz.

Der Königsweg macht also die Krise. Mal ausprobieren. Ich muss mich also auf einen Weg versteifen. Doch welchen? Welcher bringt mich in die Krise? Ich habe zwar Erfahrungen mit meinen eigenen Krisen, doch bewusst hab ich sie nie heraufbeschworen.

Ha, genau: Ich lege für mich fest, dass ich die Ideen für die Reportage nur allein auf diesem Stuhl an diesem Tisch bekommen kann.

Alle Beobachtungen und Gedanken fallen mir nur hier ein. Stimmt ja auch, hier hab ich immer meine Knüller geschrieben. Gleich notieren.

„Wollen sie auch was essen?"

Die durchdringende Stimme der Kellnerin lässt mich zusammenzucken. Gabi ist so fröhlich, wie ein Nichtschwimmer auf der Titanic.

Wie spät ist es eigentlich? Schon Mittag? Tatsächlich. Ich habe die Zeit vergessen.

Und Gabis Kratzgesang galt gar nicht mir.

„Ja, bringen Sie mir bitte die Tageskarte, Gabi." Klein, sportlich und eine leichte Glatze.

„Sie sehen wie ein Reporter aus?"

Seine Stimme hab ich sofort erkannt. Am Telefon hab ich gedacht, der ist fast zwei Meter groß. Getäuscht.

„Ja, Herr Späth?"

„Stimmt. Und Sie sind Herr Voght?"

Das geht ja schon gut los. Sieht man mir den Reporter wirklich an oder kann der Typ hellsehen? Bei so einem Psychofritzen muss man vorsichtig sein.

„Ja."

„Hab sie gleich erkannt!"

Klar, der wühlt doch sicher schon im meinem Kopf rum.

„Keine Angst, ich bin kein Hellseher, nur Psychologe. Ich beobachte Menschen, durchschauen geht nicht. Auf Ihrer Mappe ist das Logo vom Sender."

Ha, so ein Schlaumeier, aber immerhin fühle ich mich jetzt nicht so, als könnte er meine geheimsten Gedanken wie bei einem Stromzähler ablesen.

„Markus hat mir erzählt, dass sie eine Reportage über eine Krise erstellen sollen. Nix Dramatisches, eher den allgemeinen Ablauf. Klar, einfach, direkt aus dem Leben. Und möglichst umsonst."

„Ganz genau. Und ich hab schon etwas rausgefunden. Hab es den Königsweg genannt."

Herr Späth hebt die Augenbrauen.

„Dann lassen sie mal hören."

Seine kleinen braunen Augen durchbohren mich. Rausfinden tust du nix, ist mein nächster Gedanke.

„Wenn ich nur einen Lösungsweg kenne, kann ich in Schwierigkeiten geraten. Schneller noch, wenn ein Weg zum Ziel schon einmal erfolgreich war und ich diesen immer wieder anwende.

Dann kann es passieren, dass ich das Ziel nicht mehr erreiche, weil sich die Umwelt und Einflussfaktoren geändert haben."

„Gut, wie sind sie drauf gekommen?"

„Hab mich hier her gesetzt, Menschen beobachtet, mit ihnen geredet und aufmerksam zugehört."

„Klasse, dann kann ich ja gehen."

Was soll jetzt das denn jetzt? Ist er jetzt beleidigt oder hat er einfach nicht mehr auf der Pfanne?

„Ich mach es ebenso. Ich schaue mir an, was die Menschen sagen, was sie tun und wie sie sich verhalten. Durch Nachfragen gehe ich noch tiefer ihrem Verhalten auf den Grund. Da wir Mensch zu über 95 % aus dem Unterbewusstsein handeln, wissen wir meist auch nicht, warum wir was tun. Und da frag ich dann mal nach. Das ist alles."

Das Café ist inzwischen mit bekannten Gesichtern gefüllt, die hier ihre Mittagspause zubringen. Wie sind die alle hier rein gekommen? Als wären sie wie Pilze aus den Stühlen gewachsen. Herr Späth hat mich wohl ganz in seinen Bann gezogen, so dass sich meine Konzentration auf ihn gestürzt hat und ich um mich rum nix mehr bemerkt habe.

„Hier wie gewohnt ihre Johannesbeersaftschorle, Herr Dr. Späth. Was wollen Sie den gerne essen?"

Gabi reicht Herrn Späth die Karte und es scheint ein Lächeln dabei in ihrem Gesicht zu entstehen.

„Das Tagesmenü bitte."

„Und Sie?" schon ist das Lächeln weg. Hab ich heute das falsche Hemd an?

„Rigatoni Boscalola und ein kleines Glas Sangiovese."

Bitte konnte ich mir schenken, denn sie hat sich schon weggedreht. Na was soll's.

Eins meiner Leibgerichte hier im Café. Boscaiola nach Holzfällerart. Ich hab zwar nicht gearbeitet wie ein Holzfäller, dafür aber seinen Hunger. Dazu ein Glas Sangiovese di Romagna. Das wird ein Fest. Gaumen und Nase freuen sich vor Vorfreude. Mit geschlossenen Augen genieße ich die geistigen Leckerbissen, die mich erwarten. Vorfreude ist doch die schönste Freude.

„Ich hab eine Idee, wie wir weiter machen." Herr Späth holt mich aus meinen Tagtraum zurück. „Ich hab in dieser Woche keine Zeit und Markus hat gemeint, es sollte so alltäglich wie möglich sein.

Was halten sie davon, wenn wir die Leute mal beobachten und ich Ihnen beibringe, was ich da so sehe? Dann könnten sie nach dem Mittagessen weitermachen und ich kann in meine Praxis zurück."

„Ok, eine Crash – Ausbildung zum Psycho."

Er lacht.

„Naja, für eine kurze Reportage wird's reichen und wenn es ihre Erkenntnisse sind, wirkt das Ganze auch authentisch."

Der Luftzug, der meinen Nacken trifft, sagt mir, dass die Tür geöffnet wurde – die Ersatztür. Ich achte nicht darauf. Hier gehen jetzt permanent Gäste ein und aus. Das Geräusch jedoch, das kurz darauf meine Ohren trifft, übertönt die murmelnde Geräuschkulisse. Eine kleine Ameisenarmee startet eine Invasion auf meinem Rücken und kämpft sich dann vor zu meinem Bauch, der sich prompt verkrampft.

„Ich will einen Lolli..." nörgelt es hinter mir.

Es ist ein durchdringendes Nörgeln. Eins von der Sorte, das es unmöglich macht, sich auf etwas anders zu konzentrieren.

„Schauen sie sich das mal an."

Herr Späth zeigt mit seiner Gabel, auf der noch Spaghetti hängen, so schnell in die Richtung des Kindes, dass sich seine Nudeln fast wieder aufrollen.

„Von Kindern können sie viel lernen."

Absätze klackern energisch auf dem Parket. Eine Frau rauscht an unserem Tisch vorbei. An ihrer Hand schleift sie einen Jungen hinter sich her, der kaum noch genug Kraft zu haben scheint, um sich dagegen wehren zu können. Ich tippe auf: Einkaufstour mit genervtem Junior.

Die Frau lässt ihre prallen Plastiktüten neben ihren Barhocker fallen, rupft ihren Spross vom Boden und pflanzt ihn auf den Hocker neben sich. Mit vorgeschobener Schmolllippe und gesenkter Stirn starrt der Zwerg seine Mutter an. Bei einem Erwachsenen wäre dieser Blick ein Vorbote der ersten Mordgedanken. Danach steht dem Kleinen der Sinn jedoch nicht. Schließlich dient sein ganzer Auftritt nur einem Zweck: Lolli her - pronto.

Diese wortlose Kommunikation scheint der blondierten Erziehungsberechtigten am Gesäß vorbei zu gehen, als ob sich das Quengelmonster gar nicht in diesem Universum befände – zumindest nicht in ihrem Universum. Eine innere Stimme sagt mir jedoch, dass sie aus der Nummer so leicht nicht rauskommen wird.

Erst jetzt merke ich, wie groß mein Durst ist. Wo ist die Kellnerin? Mit Wein will ich ihn nicht löschen. Mein Blick überfliegt den Raum und bleibt prompt an einem Tisch hängen.

„Klasse." Meint Späth. Er hat wohl bemerkt worauf ich starre.

Was für ein Anblick: Ich schätze sie auf Mitte Zwanzig. In gefühlter Zeitlupe fährt sie sich mit der Hand durch das lange dunkelbraune Haar.

Dabei bewegt sich ihr Oberkörper und ihre weiße Bluse bringt ein dezentes Dekolleté zum Vorschein, das zum Hinsehen einlädt aber nicht zu viel preisgibt. Schon ruht ihre Hand wieder auf ihrem Kordrock, unter dem zwei schlanke Beine hervorkommen. Sie enden in zwei schwarzen formlosen Halbschuhen, die sich schon langsam auf den Schuhhimmel vorbereiten. Dieser Stilbruch irritiert mich. Ich hätte schicke Hochhackige erwartet, aber nicht das. Alles passt, bis auf diese hässlichen Klumpen an ihren Füßen.

Zum Glück ist sie abgelenkt, sonst würde sie einen Mann am Nachbartisch bemerken, der ungläubig auf ihre Schuhe starrt. Aber sie blättert in einem Stapel Papier, der mit einem Klebestreifen gebunden wurde.

„Schauen sie sich auch die anderen an!"

Kann der doch Gedankenlesen? Hoffentlich bin ich nicht rot geworden, so wie früher in der Schule wenn mich der Lehrer beim Abschreiben erwischt hat.

„Das Spiel der jungen Geschlechter ist sehr imposant."

Ich betrachte ihre Tischnachbarn. Alle ungefähr im selben Alter. Zwei Frauen, ein Mann. Der ganze Tisch riecht nach Studenten. Kleider, Brillen, Frisuren, alles schreit: Universität.

Hm, dann will die Hübsche wohl nicht mit Hochhackigen in die Uni. Das bringt ihr schon wieder Pluspunkte ein.

Ihre Kommilitoninnen sind gegen sie grau Mäuse. Nicht hässlich, aber keine Ausstrahlung. Der Hahn im Korb würde optisch zur Hübschen passen. Zumindest seine Kleider. Seine Ausstrahlung gleicht der eines kleinen Jungen, der seinen Eltern gerade sein erstes Schulzeugnis überreicht.

„Wie findest du´s Miriam? Das war richtig Arbeit."

Seine Brust bläht sich immer mehr, je länger sie blättert. Seine Augen fixieren sie und springen dabei zwischen Gesicht und Ausschnitt hin und her. Miriam scheint ihn nicht gehört zu haben.

„Kannst Dir nicht vorstellen, wie es ist, eine Masterthese zu schreiben. Wenn Du dran bist, glaubst du, dein ganzes Leben stellt sich auf den Kopf. Da sitzt dir plötzlich ein Abgabetermin im Nacken, der alles andere unwichtig macht."

„Da, sie reagiert auf Ihn."

Späht macht eine kurze Bewegung. Ihre dunklen Augen schenken ihm einen langen Blick.

Dabei öffnet sie ihre dezent geschminkten Lippen, als wolle sie etwas sagen. Aber sie wendet sich wieder den Blättern zu.

„Damit ich den Termin halten konnte, hab ich meinen Job im Cafe geschmissen. Partys und ausschlafen waren erst mal gestrichen. Bin morgens um sechs Uhr raus aus der Kiste, hab zwei Espressos in mich rein geschüttet und dann ab an den Rechner."

Wau, der Junge punktet. Miriam beugt sich leicht vor und er genießt den Einblick.

Wenn er es jetzt noch schafft, dass sie ihm die Hand auf den Arm legt, hat sich die Masterthese gelohnt.

„Ich hab in der Zeit sicher fünf Kilo verloren, und …"

„Hallo, ihr Hübschen".

Ein weiterer Student betritt die Szene. Seine Mütze sitzt gekonnt schief über seinen blonden Haaren. Seine restlichen Klamotten sagen: Baby, ob du Alternativ oder Mainstream vorziehst, ich bin dein Mann. Aus den großen Kopfhörern, die um seinen Hals hängen, tönt ein wuchtiger Bass bis zu unserem Tisch herüber.

Die Mädels reagieren. Der andere Student auch. Er lehnt sich zurück, verschränkt die Arme und kneift seine Lippen zu einem Schlitz zusammen.

Ich muss an die Tiersendungen aus meiner Kindheit denken. Da kommt ein Rivale ins Revier. Der klassische Hahnenkampf geht los. Ein Wetteifern um die Gunst der Schönen. Wer kriegt den Pokal? Und wenn ich mir das so richtig überlege: Für die hübsche Miriam würde ich mich auch ins Zeug legen.

„Na, Miriam, betrachtest Du Franks Meisterwerk? Erzählt er dir gerade seine Leidensgeschichte?" sagt der Neuankömmling und fummelt in seiner Jackentasche rum.

Die Musik hört auf.

„Hi Nico, hast du deine schon abgegeben?"

„Nö, ich hab noch Zeit."

Jetzt hat er die volle Aufmerksamkeit aller Sitzenden.

„Mein Prof hat mir zwei Monate Verlängerung gegeben. Hab ihm gesagt, dass ich in unserem Familienbetrieb dringend helfen muss. Und zur Not geh ich zum Onkel Doc und lass mir ´ne Grippe attestieren. Das bringt noch mal zwei Wochen."

Mit besorgtem Blick beobachtet Frank die Reaktion seiner Angebeteten. Ich glaube, der sieht seine Chancen schmelzen. Naja, Mitleid ist wohl nicht der richtige Weg, um bei ihr zu landen. Miriams Augen kleben jetzt an den Lippen von Mütze Nico.

„Lass das. Bitte." Kommt es von der Bar.

„Mal kucken, was der Kleine da treibt, der Hahnkampf kann warten."

Hat der Typ denn überall Augen? Auch gut. Der Quengelknabe hat sich Mamas Designerhandtasche geschnappt und nimmt sie jetzt fachmännisch auseinander.

„Ein Lolly bitte."

Ganz offenbar die nächste Strategie: Flehen.

„Später."

Wieder Schmollmund. Jetzt allerdings mit Wasser in den Augen.

Wenn dieser Blick die Blonde nicht erweicht, muss sie ein Herz aus Stein haben – oder sie ist einfach nur eine gute Mutter, die so tut als ob sie es nicht sehen würde.

Späth hebt die Augenbrauen und nimmt einen großen Schluck von seiner Schorle.

„Die Beharrlichkeit von Kindern kennt noch viel mehr Schliche, um ans Ziel zu kommen, als die der Erwachsenen."

„Sind sie schlauer?"

„Nein, flexibler. Und ausdauernder."

Mein Sangiovese neigt sich dem Ende.

„Frank ist da offenbar nicht so ausdauernd." Schon hat Späth seine Adleraugen wieder auf die Studenten gerichtet.

„Wie machen Sie das?"

„Nicht analysieren, sondern beobachten."

Die Mütze ist inzwischen weg, doch Frank hat Miriam schon abgeschrieben. Jetzt hängt er an einer anderen dran. Mit der gleichen Masche: er redet auf sie ein, während sie seine Arbeit durchliest. Der kennt wohl auch nur einen Weg, um bei den Mädels zu landen – aber das Thema hatten wir ja bereits.

„Jetzt können sie das Ergebnis sehen."

Die letzten Spaghettis verschwinden in seinem Mund.

„Miriam sitzt stumm da und beobachtet, wie Frank sein nächstes Opfer bearbeitet. Junge, da macht er gleich zwei Fehler auf einmal: wie haben Sie es genannt? Königsweg?"

„Genau."

„Den vermeintlichen Königsweg beschreiten und gleich nach der ersten Niederlage aufgeben. Die andere ist nicht so interessant wie Miriam und das weiß er auch. Er lässt gerade ein echt hübsches Mädel vom Haken, aber wer nach dem ersten Versuch gleich abschwenkt hat entweder keinen Mut oder keine Lust."

Mir springt ein Zitat zum Thema Beharrlichkeit in den Kopf:

„Ich bin ein Glückspilz. Ich kenne über 5.000 Möglichkeiten, wie man keine Glühbirne herstellt. Unsere größte Schwäche liegt im Aufgeben. Der sicherste Weg zum Erfolg ist immer, es doch noch einmal zu versuchen. "

„Oh, da spricht Thomas Alva Edison. Da ist was aus ihrer Schulzeit hängen geblieben. Doch der ist schon zu lange Tod, um unserem lieben Frank zu erklären, dass es manchmal mehrere Anläufe braucht, um das Problem zu knacken. Erst das macht den Augenblick des Triumphes besonders. Um ein Ziel zu erreichen braucht man die Geduld einer Boje."

„Das kenn ich von Andreas. Einer, den ich heute Morgen beobachtet hab."

Mal schauen ob ich es verstanden hab.

„So wenig ich den Typ auch leiden kann: Er ist der geborene Verkäufer. Schmeißt man den zur Vordertür raus, kommt er zur Hintertür wieder rein. Er sagte mal zu mir: -Du weißt ja auch nicht was der Kunde denkt. Ob er heute Morgen vom Seitensprung seiner Frau erfahren hat oder ob er letzte Nacht guten Sex hatte. Das betrifft dich zwar nicht persönlich aber es kann ausschlaggebend dafür sein, ob er dir überhaupt zuhört oder nicht."

„Ihr Andreas hat Recht."

„Ich hab doch gesagt um zwölf Uhr im Café! Du kannst Dich auch an keine Abmachung halten."

Das klingt nach Stress an der Bar.

Ein Mann mit Anzug steht an der Bar. Er legt Hut und Mantel auf einen Barhocker. Späth hat die Situation bereits im Blick. Mit einem gekonnten Handstreich legt der Neuankömmling seine ergraute Frisur wieder in die richtige Position.

Die Blondine beobachtete ihn dabei. Mit Augen, aus denen jeden Augenblick Blitze schießen könnten.

„Hallo erst mal."

Er will ihr einen flüchtigen Kuss auf den Mund geben. Sie wendet sich ab und er erwischt nur die Wange. Mit der Erfahrung eines Mannes, der bereits seit längerem verheiratet ist, übergeht er ihre Anfeindung und wendet sich an das Kind.

„Na, mistest Du wieder Mamas Tasche aus?"

„Lass, dass jetzt!"

Nun trifft der böse Blick den Jungen. Die Blondine zieht ihm die Tasche weg und wirft eine Strähne aus ihrem Gesicht. Prompt kämpft das Kind mit den Tränen.

„Du bist zu spät." Hakt sie nach und zeigt nun ihrerseits ihren besten Schmollmund.

„Tu nicht immer so, als ob dein Leben um zwölf Uhr endet. Ich hab Dir auch was mitgebracht."

Oho, schon fährt der Tiger seine Krallen ein und wird zum Schmusekätzchen, das sich an den Spendenonkel schmiegt. Gott sei Dank hat sie ihn vorhin nicht gesteinigt, sonst wäre es nix mit dem kleinen Armband geworden, das kurz darauf an ihrem Handgelenk baumelt.

Der Quengelknabe erkennt die Gunst des Augenblicks. Ohne auch nur einen einzigen nervigen Ton von sich zu geben, geht er zu seiner poussierenden Mutter und zupft an ihrem Jackenzipfel.

Beiläufig kramt das Kätzchen in ihrer Tasche, fummelt den Geldbeutel heraus und drückt dem Kleinen eine Münze in die Hand. Und das, ohne den Blickkontakt zu ihrem Kater zu unterbrechen. Das nenne ich Multitasking.

„Endlich, geschafft! Schauen sich den Gesichtsausdruck des Kleinen an."

Mit einem breiten Siegerlächeln stürmt er zur Bedienung. Die nimmt gerade ein Tablett von der Theke auf, stellt es aber wieder hin. Und da geschieht die Verwandlung: Ich kann weder das Gesicht des Jungen sehen, noch seine Wort hören.

Die Wirkung haut mich aber fast vom Stuhl. Die Kellnerin, die sonst die Ausstrahlung eines Tresors für nukleare Sprengköpfe besitzt, wird zur enthusiastischen Friedensaktivistin. Sie nimmt die Münze entgegen, als hätte sie noch nie eine gesehen. Mit beschwingten Gesten holt sie das große Lolly-Glas vom Regal neben der Theke. Der Junge fischt einen Roten und einen Blauen heraus und zischt wieder an seinen Platz.

„Gesehen?"

„Klar, das war ein Sieg an allen Fronten."

„Richtig. Und wo liegt der Unterschied zwischen dem Kleinen und unserem Studenten Frank?"

„Tja, Frank hat nach dem ersten Versuch aufgeben Mirjam zu beeindrucken."

„Er hat gleich die Flinte ins Korn geschmissen." Späth wischt sich mit der einen Hand den Mund ab und winkt dabei mit der anderen.

„Ein Espresso bitte. Für Sie auch?"

„Nein, später."

Er sieht an mir vorbei.

„Schauen sie sich Frank an. Jetzt kommt die Krise. Wenn er seine gewünschte Vorstellung nicht mehr erreichen kann. Kein Erfolg bei Mirjam, und die Zweite entspricht nicht seinem Ideal von einer Frau.

Jetzt sind beide Damen weg und er sitzt schmollend vor seinem Cappuccino."

„Wie ein begossener Pudel."

„Klar. Doch eine richtige Lebenskrise hat er deshalb noch nicht. Der Anfang ist jedoch gesetzt."

„Mein Gott, so einfach hab ich mir eine Krise nicht vorgestellt."

„Ich kann Ihnen zum Schluss noch ein Beispiel geben, dass in jeder Firma vorkommt. Dann muss ich leider los."

„Ok. Kann ich Sie dennoch kontaktieren?"

Jetzt kommt sicher eine Abhandlung darüber, wie wichtig er ist und wie wertvoll seine Zeit. „Klar. Rufen Sie bei meiner Sekretärin an. Ich rufe Sie in einer Pause zurück. Gabi, zahlen!" Der ist ja richtig nett.

„War es gut? Hat es geschmeckt?"

Wieso lacht Gabi ihn immer an und ich krieg immer das Totengesicht?

„So wie immer, Gabi, klasse. Was macht das zusammen?"

Er zieht einen schwarzen Ledergeldbeutel hervor, der einen säuberlich sortierten Inhalt präsentiert

„Sie sind eingeladen."

Der Spruch ist für mich besser als ein Nachtisch. Noch ein Weihnachtsgeschenk mehr für zu Hause.

„33 Euro, bitte“

Bitte? Seit wann kommt ihr denn dieses Wort über die Lippen? Herr Späth knallt 40 Euro auf den Tisch.

„Stimmt so.“

„Danke, Psychoonkel.“

Gekauft und dann noch frech.

„Tja, das macht die bucklige Verwandtschaft so. Erst Geld abholen und dann frech sein.“

Er kann also doch Gedanken lesen.

„Gabi ist die Tochter meines Bruders.“ Grinsend steckt er das Portemonnaie ein.

Schnell, bevor er aufsteht.

„Das Beispiel bitte noch.“

„Natürlich.“

Er sieht nach draußen in die Fußgängerzone, in das Gewusel aus Passanten.

„Es ist wie jedes Jahr um diese Zeit. Alles hektisch. Urplötzlich ist Weihnachten, kein Mensch scheint es vorher gewusst zu haben. Tausend Dinge müssen noch erledigt werden, bevor die Feiertage und das neue Jahr kommen.

Da kommt man ganz schnell drauf, wie das mit der Krise funktioniert. Sie sind auch ein klasse Beispiel, Nathan."

Wusste ich doch, dass ich heute noch verbal eine gegen's Knie bekomme.

„Wieso?"

„Bei Ihnen ist die Deadline schon in 4 Tagen. Also noch näher als Weihnachten."

Ich erzähl ihm jetzt lieber nicht, dass ich das Ganze nur mache, weil ich die Kohle für Weihnachten brauche. Weiß er ohnehin schon.

„Bleiben wir aber bei den Anderen. Alle tun spätestens ab dem ersten Advent so, als wäre mit Weihnachten alles vorbei. Und vorher muss noch alles erledigt werden. In den Firmen zeigt sich dann das Standardverhalten von Menschen in Krisensituationen: Kampf – Flucht – Todstellen.

Die Kämpfer fangen an auszurasten und schlagen auf die ein, die sich tot stellen. Beide ergänzen sich super. Der Eine kann mit Vollgas seinen Emotionen Luft machen und der Andere merkt es nicht, da er sich schon eingeigelt hat. Ein super Team.

Und dann gibt es noch die Flüchtlinge, die dann mal weg sind. Im Urlaub oder Krank geschrieben. Die entziehen sich dem Gemurkse."

„Oh ja, das kenne ich. Selbst bei uns im Sender ist es so."

„Sehen sie. Und dabei passiert gar nichts, wenn mal was liegen bleibt. Was dieses Jahr nicht gesendet wird, wird halt nächstes Jahr gesendet. Es ist so wie mit dem Kind und Frank. Frank hat auch so getan, als wäre nach dem ersten Versuch alles vorbei. So auch in den Firmen. Als ob die Welt nach Weihnachten oder dem neuen Jahr nicht mehr existiert. Deshalb muss alles sofort erledigt werden.

Das Kind hingegen probiert es immer und immer wieder. Das Leben ist ein fortlaufender Prozess. Halten wir ihn in Gedanken an und erklären ihn für beendet, haben wir Stress und es kann zur Krise kommen. Der Mensch gerät unter Druck."

„Stopp." Mein Füller glüht schon.

„Darf ich sie da zitieren?"

„Klar. Das ist ja auch Werbung für mich."

Geschäftstüchtig ist der Herr Doktor als auch. „Schauen Sie mal den Jungen an. Wie oft die Mama Nein gesagt hat. Das war ihm total schnuppe. Der Student Frank hingegen sieht bei allem gleich das definitive Ende. Ob Abgabetermin für die Masterthese oder Mirjam. Und Schwups, schon hat er seine Krise. Das gleiche passiert in den Büros.

Die Leute fühlen sich wie auf einen elektrischen Stuhl gefesselt. Und die Deadline wirkt wie der Stromschalter. Aber ist bisher schon jemand daran gestorben, wenn er sie nicht eingehalten hat?"

„Stimmt. Ist mir auch schon passiert. Ich hab mir zwar Ärger eingehandelt, aber ich lebe noch."

„Genau. Das Leben geht weiter."

Hoffentlich hab ich alles notiert und nix vergessen.

„Ich will jetzt gehen. Machen Sie sich keinen Stress und schreiben Sie das in Ruhe zu Ende. Sollten Sie was vergessen haben, rufen Sie mich einfach an. Hoffentlich lebe ich dann noch."

Ich bin so damit beschäftigt, alles aufzuschreiben, dass ich vergesse, mich zu verabschieden.

Als ich das merke und den Kopf hebe, ist er schon weg. Schade.

Wenn ich eine Krise haben möchte, ist es sehr hilfreich, wenn ich mir einen definitiven fixen Termin setzte und so tue, als ob die Welt danach nicht mehr existieren würde. Sozusagen per ultimo Ratio des Lebens aus. Damit erhöht sich der Druck und meine Stimmungslage verschlechtert sich.

---

3. Die Überlebenslinie

Mit den Einkäufen fürs Abendessen schlendere ich durch die Fußgängerzone. Ein Blick auf die Uhr verrät mir, dass ich noch ein paar Minuten Zeit für einen Espresso habe.

Der Tag war doch schon ganz erträglich. Was ich heute über Krise gelernt habe, gibt mindestens 15 Minuten Sendestoff.

Nachdenklich schwimme ich im Menschenstrom aus dem Kaufhaus.

Komisches Wort: „Lebensmittel". Was soll denn das heißen? Sind Speisen und Getränke die Mittel, die uns am Leben halten? Na ja, daran können durchaus Zweifel aufkommen, wenn man sich mal durchließt, woraus manche „Lebensmittel" bestehen.

Dann vielleicht doch besser „Nahrungsmittel". Doch das würde bedeuten, dass die Sachen nahrhaft sind. Würde ich mit Chips und Cola auf eine Wanderung gehen?

Dennoch ernähren wir uns von solchem Zeug, und egal, wie sehr wir unsere Kinder davor beschützen wollen, sie machen uns doch alles nach.

Etwas beunruhigt gehe ich in Gedanken den Inhalt der beiden Einkaufstüten durch, die meine Arme in die Länge ziehen. Ergebnis: 40% gesund, 30% genießbar, 20% essbar und 10% ... überlebbar.

Na ja, umkehren kann ich jetzt nicht mehr. Dafür ist es zu spät. Obwohl: das Ziffernblatt verrät, dass ich noch etwas Zeit habe. Noch ein Abstecher in den Biomarkt machen und auf dem Weg ´nem Obdachlosen meine Tüten in die Hand drücken? Ich könnte natürlich auch ´nen Espresso schnappen gehen, um anschließend zuhause meine Familie zu vergiften. Schwierige Entscheidung. Das Café ist näher als der Biomarkt, also gebe ich meiner Kaffeesucht den Vorzug.

Das muss aber fix gehen. Um 18:30 muss ich zuhause sein. Prompt fällt mir ein, was ich heute Mittag gelernt habe: Deadlines erzeugen Stress. Stress erzeugt Krisen. Das ist das normale Leben. Gedanken wie: Wenn ich nicht Punkt 18:30 zuhause bin, schaut mich meine Frau nicht mehr an, meine Kinder verhungern und die Katze sucht sich ein neues Zuhause, schießen mir durch den Kopf und geben mir Gewissheit: 18.30 – sonst geht nix mehr.

Sofort werden meine Schritte länger und schneller.

Außerdem empfinde ich ein schlechtes Gewissen, dass ich nicht gleich zu meiner Familie gehe. Ist ja toll, wie einfach man sich in Stress denken kann. Krise, ich komme!

Schon taucht die Ersatztür vor mir auf. Von Eile beschwingt trete ich ein.

„Da bist du ja schon wieder." grinst mich Annett an und rauscht mit einem vollen Tablett an mir vorbei.

Im Gegensatz zu ihrer Kollegin Gabi hat sie meist gute Laune, und auch das bessere Aussehen. Klein, sportlich, abstehender Pferdeschwanz und immer dieses verschmitzte Lächeln auf den Lippen, das einen gepfefferten Kommentar ankündigt.

Mit leerem Tablett steuert sie wieder auf mich zu.

„Was heißt hier schon wieder? Deine Schicht fängt doch gerade erst an. Ich konnte dir noch gar nicht auf die Nerven gehen."

„Stimmt, aber Pascal hat mir schon erzählt, dass du seit heute Morgen hier rumlungerst. Ich weiß also bereits, dass du wiedermal keine Heimat hast. Aber toll, dass du mich persönlich mit deiner strahlenden Schönheit beehrst."

Die flirtet ja ganz schön los. Mmmmh, tut das gut. Dann mal schauen, wie weit ich da mithalten kann.

„Ich hab dich so sehr vermisst, dass ich hier den ganzen Tag auf dich gewartet hab."

So, das gibt eine kleine Rötung ihrer Wangen.

„Wärst Du so lieb und gibst mir einen Espresso, und darf ich meine Tüten bei Dir hinter der Theke deponieren, mein Schatz?"

„Klar, mein Bärchen, und bring nachher noch den Müll raus."

Dieses Luder hat doch auf alles eine Antwort.

„Der Espresso kommt sofort. Wird Zeit, dass du heute den Heimweg findest. Du musst ja deinen Pflichten als Ehemann und Familienvater noch nachkommen."

Grinsend laufe ich zu meinem Tisch. Während ich meine Jacke ausziehe, geht mir Annetts letzter Satz nicht aus dem Kopf.

Ich muss also meine Pflichten erfüllen. Tatsächlich? Ist das ein „Muss" oder darf ich? Bin ich wirklich dazu verpflichtet oder sogar verdammt? Was muss ich denn überhaupt? Was sind denn meine Pflichten und wer brummt sie mir auf? Bin ich das nicht selbst? Was heißt denn überhaupt „muss"?

Mit einem genüsslichen Seufzer setzte ich mich. Der Platz ist einfach genial. Hier darf ich sein, hier kann ich denken, philosophieren, arbeiten.

Außerdem ist hier ja der selbsternannte Mittelpunkt meines Schaffens und Erfolges. 18:30 zuhause und arbeiten nur an diesem Platz. Ich sorge selbst für die Kriterien, um eine Krise zu bekommen.

Ein unangenehmes Gefühl macht sich breit, das ich während des Einkaufs erfolgreich verdrängen konnte: meine Blase platzt gleich. Mist, ausgerechnet jetzt. Keine Zeit, meine Jacke auszuziehen und an den Stuhl hängen, sonst passiert gleich ein Unglück.

Was hab ich neulich gelesen?

„6 Dinge sind für einen Menschen ein MUSS, wenn er überleben will: Essen, trinken, atmen, schlafen, gegen Wärme & Kälte bedecken und zum Schluss: ausscheiden. Das Letztere soll sogar eine Foltermethode gewesen sein. Jetzt weiß ich, warum. Mann, drückt das. Hoffentlich wird mir keiner den Platz wegschnappen, den brauch ich noch.

Ich beeile mich, so gut es geht. Verzichte auch auf das Händewaschen. Immerhin bin ich im Stress.

„Ich hab deinen Espresso auf die Theke gestellt."

Was? Warum das denn? Mist, hab ich´s mir doch gedacht. Ein junges Pärchen hat meinen Tisch eingenommen.

Was mach ich denn jetzt? Diese zwei Platzplünderer haben mich um mein Arbeitszentrum gebracht. Außerhalb komme ich einfach nicht auf so gute Ideen, werde abgelenkt und kann nicht so gut beobachten. Und dazu kommt, dass ich mir vorgenommen habe, genau hier zu schreiben. An dem Platz meiner bisherigen Erfolge. Schon verkrampft sich mein Magen ein bisschen und meine Laune sinkt Richtung Fußbodenniveau. Der Königsweg zeigt Wirkung.

Außerdem ist ein Tisch viel würdevoller. An der Bar sitzen doch sonst nur diejenigen, die keine Heimat haben oder Hobbylos sind. Hier kann ich nicht mein Notizbuch ausbreiten, ohne dass es irgendjemand sieht. Mein persönliches MUSS zum Nachdenken: Platz, Platz, Platz.

Platz zum Schreiben, Platz zum Beobachten, Platz zum Denken. An der Bar gibt es nur zu dicht sitzende Nachbarn, die einen Grund suchen, Banalitäten auszutauschen. So wie der Kerl, der neben meinem Espresso sitzt. Ich glaube, ich trink schnell aus und dann ab nach Hause zu Frau und Kindern.

Mein Gefühlshoch von heute Mittag ist verflogen. Mit gesengtem Kopf schlurfe ich am breiten Kreuz meines zukünftigen Barnachbarn vorbei, das in einem karierten Hemd steckt. Ist das demütigend. Jetzt sitze ich auf der sozialen Ersatzbank. Und die unerwünschte Kontaktaufnahme lässt nicht lange auf sich warten.

„Der Typ hat das einfach nicht verdient" schnaubt der Mann wie ein grimmiger Bär.

„Wer?"

„Der da oben"

Seine Glatze macht eine wippende Bewegung nach oben. Über der Bar hängt ein Flachbildschirm, der immer die nervigen N-TV Nachrichten zeigt. Ein Übel der modernen Gesellschaft, welches ich gerne ignoriere. Mit Pascal, dem Cafébesitzer, hab ich schon oft gestritten, ob diese Dauerberieselung notwendig ist. Wie sollen sich interessante Gespräche in gemütlichem Ambiente ergeben, wenn sich die Gäste regelmäßig nach diesem Geflimmer umdrehen? Müssen sie ja nicht? Falsch. Sobald es irgendwo flimmert, muss ein Mensch hinsehen. Urinstinkt, es könnte ja ein Feuer sein.

Im Moment leuchtet das Bild eines Mann auf mich herab. Er hält den erhoben Daumen in die Kamera und grinst wie ein kleiner Junge, der gerade sein erstes Fahrrad geschenkt bekommen hat. Unter dem Bild steht: Mein Erfolgsrezept: Begeisterung und Leidenschaft.

„Bei dem Grinsen kommt mir das Bier hoch. Bildet sich was auf seinen Erfolg ein. Was hat der denn schon groß geleistet? Hat doch schon alles. Mit ein paar Millionen im Hintern wäre ich auch begeistert."

Er stupst mich mit dem Ellbogen an, als hätten wir uns hier zu einem Plausch verabredet: „Der verkauft uns doch für blöd. Kann ja mal mit mir tauschen.

Mal sehen, ob er dann immer noch begeistert und leidenschaftlich ist. So ein Schwachsinn."

Was will der Typ von mir? Wo ist Annett? Ich will zahlen.

„Wenn Du was erreichen willst, musst Du dafür kämpfen. Das war schon immer so. Hart kämpfen, sonst erreichst Du nix."

Klasse Statement, kenn ich schon. Wundert mich nicht, dass vor dem Bären ein Bier und ein leeres Schnapsglas stehen.

„Das hat schon meine Oma gesagt: Vor dem Erfolg hat der Herrgott den Schweiß gesetzt."

„Kenn ich auch."

Diese Stimmung ist ansteckend. Meine Laune kriecht unter den Kacheln rum und sucht den Weg in den Keller. Vielleicht sollte ich mir auch ein Bier bestellen. Alkohol betäubt.

„Da möchte ich widersprechen." Hoffnung oder Pech, jetzt mischt sich auch noch der Anzugträger ein, der links von mir sitzt.

„Nur wenn man gute Laune hat und entspannt ist, kann man die richtigen Entscheidungen treffen.

Nur so bleibt man flexibel, kann lernen und klar denken."

Der Anzug sieht teuer aus. Die Brille auch. Der verdient sicher auch nicht schlecht. Ich tippe auf Makler.

„Die Typen im Fernseher haben gar nicht mal so Unrecht," fährt der vermutete Makler fort.

„Ah, bist Du auch so ein Leidenschaftsprophet?"

Der Bär scheint sich in seiner Hasstirade auf alle erfolgreichen Menschen dieser Erde gestört zu fühlen. Seine trüben Augen verengen sich noch mehr als vorher.

„Nicht ganz. Ich musste mich einmal eingehend damit beschäftigen, weil ich mein Leben so richtig verbockt hatte."

„Dafür siehst Du aber ganz gut geputzt aus, Genosse."

Sein Gesicht sagt einfach alles aus: etwas zerknirschtere Mundpartie, trüber, grimmiger Blick, das Lachen war wohl schon lang nicht mehr da. Seine Geisteshaltung steht ihm voll ins Gesicht geschrieben.

„Mein Name ist Marcel." Sagt der Anzugträger, immer noch höflich.

„Franz."

Vor meinem Gesicht findet ein kurzer Händedruck statt.

„Nix für ungut Marcel, aber was du da sagst, geht doch am Leben vorbei. Ich muss jeden Tag um meine Aufträge kämpfen. Die Konkurrenz wird immer härter. Billiganbieter überall. Keiner will noch was bezahlen und das Finanzamt sitzt mir auch im Nacken."

Franz macht eine Kunstpause, und sieht Marcel herausfordernd an.

„Hast Du eine Ahnung was es heißt, hart zu arbeiten und dir trotzdem manchmal kaum das Bier leisten zu können?

So wie Du aussiehst, hattest Du noch nie Schmutz unter den Nägeln. Also erzähl mir nicht, dass mein Leben besser wird, wenn ich mir ein Lächeln ins Gesicht schnalle."

Franz klopft auf den Tresen und sieht sich mit gesenktem Kopf um.

„Wo ist diese Trulla? Ich brauch noch was zu trinken, sonst bekomm ich schlechte Laune," sagt er mehr zu sich selbst.

Noch schlechtere Laune bekommen? Das möchte ich nicht erleben.

Marcel rührt in seinem Cappuccino.

„Nur weil man nicht schaut wie ein Bulldozer, heißt das noch lange nicht, dass man faul ist."

Ich glaube, jetzt sollte ich langsam verschwinden.

Keine gute Idee, dazwischen zu sitzen, wenn Franz Lust bekommt, Marcels Brille etwas zu verbiegen.

Annett rettet die Situation. Mit erhobenem Kinn hält sie auf Franz zu.

„Was darf´s sein, mein Großer?"

„Was meinen Sie dazu?" höre ich Marcels Stimme hinter mir.

Ich drehe mich um und Marcel schenkt mir einen interessierten Blick.

„Äh...Zu was?"

„Zu Franz – und dass der Weg zum Erfolg ein harter sein muss."

„Na, wenn ich ehrlich bin... Klar... Wenn du kämpfst ist das, was du erreichst, doch ein Erfolg. Schenken tut dir keiner was und je mehr du Gas gibst, desto erfolgreicher wirst du."

„Ganz meine Rede." Mischt sich Franz ein.

„Wer immer dir erzählt, dass du entspannt an die Spitze kommst, ist ein Spinner."

„Ihr beide verwechselt Leidenschaft und Begeisterung, zwei positive Gefühle, mit Faulheit." Erwidert Marcel, immer noch mit Blick auf mich.

„Kampf ist ein MUSS. Wirklich was erreichen kann man aber nur, wenn man auch mit Begeisterung und Leidenschaft bei der Sache ist. Nur wer begeistert ist, kann Bäume ausreißen und andere für sich gewinnen."

Jetzt wendet er sich an Franz.

„Wer kämpft, produziert Verlierer. Und dummerweise will niemand einer sein, noch, etwas mit ihnen zu tun haben."

„Was weißt du denn bitte schön vom Kämpfen und Verlieren? Ist dir mal dein Porsche geklaut worden oder musstest du eins deiner Häuser verkaufen, um die Steuern bezahlen zu können?"

„Wissen Sie, Franz, es ist nicht sonderlich klug, jemanden vorschnell zu verurteilen. Ich stemple Sie auch nicht als Alkoholiker ab, nur weil Sie gerade ihr zweites oder drittes Bier trinken."

Ich drehe mich nicht zu Franz um, auch wenn ich sein Gesicht jetzt gerne sehen würde. Da sitzt dieser dünne bebrillte Schreibtischtäter und gibt ihm Kontra. Wenn Franz der Hitzkopf ist, für den ich ihn halte, geht's hier gleich rund. Marcel scheint das nicht zu kümmern. Er plappert gelassen weiter.

„Es ist gar nicht so lange her, da war ich Ihnen sehr ähnlich. Vielleicht mit mehr Gehalt, aber genauso verbissen."

Noch bevor Franz etwas sagen kann, frage ich nach.

„Sie sehen aber heute so entspannt aus ...“

„War aber wirklich so. Ich sah aus wie eine zugeknallte Tür. Hab den ganzen Tag nur gekämpft. Um meine Aufträge, meine Kunden, meine Provisionen, meine Ehe, meine Steuern.“

„Und warum das?“

„Weil alles ein MUSS war. Spaß, Leidenschaft und Begeisterung: Das waren Tabus. Ich war überzeugt: Ich muss kämpfen, wenn ich etwas erreichen will. Und deshalb war ich auch so verkrampft.“

Seine Hand schließt sich fester um seinen Löffel. Die Knöchel treten weiß hervor.

„Jeden Auftrag musste ich haben. Selbst wenn ich dafür mit dem Preis runter musste. Das Verkaufen hatte ich vergessen. Ich wollte nur noch mit Gewalt die Konkurrenz ausschalten. Hab ich dann mal einen Auftrag dennoch nicht bekommen, nahm ich das persönlich und ließ es die Kunden auch spüren.“

„Hast du sie verprügelt?“ fragt Franz hinter mir.

Marcel lacht. Er trinkt einen Schluck von seinem Cappuccino.

„Musste ich nicht. Wir kommunizieren zu ca. 55% mit unserer Körpersprache.

Sogar der Ausdruck unserer Stimme ist wichtiger, als die eigentlichen Inhalte. Der macht nur 8% an der gesamten Kommunikation."

Ich überlege. Dieser Behauptung will ich doch mal auf den Grund gehen.

„Wie kann es dann sein, dass Informationen heutzutage das wertvollste Gut auf diesem Planeten sind?"

„Ich spreche hier nicht von Börsendaten oder Statistiken. Geschäfte beruhen auf zwischenmenschlicher Kommunikation. Wir sind keine Computer. Wir interpretieren mehr, als wir analysieren."

„Ist das nicht unprofessionell?"

„Quatsch. Das ist menschlich."

Ich rühre nachdenklich in meiner leeren Tasse.

„Haben Sie Herr der Ringe gesehen?"

„Klar."

„Würden Sie Gollum ein Haus in bester Lage und zu sensationellen Konditionen abkaufen?"

„Wenn..."

„Sie wären auf jeden Fall auf der Suche nach dem Haken. Richtig?"

„Hm, vielleicht."

„Dann fragen Sie sich mal, ob sie dieselben Bedenken auch bei unserer sympathischen Annett hier hätten, die klar vertrauenswürdig und dazu noch sehr hübsch ist."

Treffer. Versenkt.

„Nein."

„Nochmals: 55% Körpersprache, 37% Stimme und Betonung, 8% Inhalt.

Und jetzt können Sie sich vorstellen, wie es mir mit meiner verbissenen Einstellung ergangen ist. Mein Chef erhöhte den Umsatzdruck, kürzte die Provision und machte Stress, weil ich mit zu tiefen Preisen verkaufte. Meine Situation wurde immer unerträglicher. Und das sah man mir an."

„Warum haben sie nicht gekündigt?"

„Konnte ich nicht. Ich wollte gewinnen. Eine Kündigung wäre einem Schuldgeständnis gleichgekommen. Aber da hat mich mein Chef erlöst. Der Firma ging es schlecht und ich durfte als Erster meine Sachen packen. Da war dann die Kacke am dampfen."

„Wenn ich nach jeder Kündigung in eine Depression fallen würde, hätte ich schon längst Selbstmord begangen." Höre ich Franz hinter mir.

Nun ist es Marcels Kragen, der langsam eng wird.

„Dann gebe ich Ihnen mal den Schnelldurchlauf der folgenden sieben Monate: Mein Firma schmeißt mich raus und ich finde einfach keine Arbeit. Meine Frau verlässt mich und sucht sich ein neueres Modell. Die Baufirma, die eigentlich unser Haus bauen soll, nimmt meine finanzierte Vorauszahlung mit in ihre Insolvenz und lässt mich mit einem unfertigen Rohbau zurück."

Wieder umklammert Marcel seinen Löffel. Er stiert mit rotem Kopf an mir vorbei.

„Frau weg, Job weg, Geld weg. Ich glaub das ist für den Anfang mal genug. Oder?" Franz blickte abfällig, als wollte er sage. Mach ich täglich mit.

„Leg noch ´ne Anzeige wegen Beleidigung drauf."

Marcel senkt den Kopf und lehnt sich vor. Seine Augenschlitze sind nun ziemlich nah vor mir, aber sie blitzen Franz an.

„Ich leg noch eine Bewährungsstrafe für tätlichen Angriff oben drauf!"

Sein Atem zerschneidet die Luft. 55% Körpersprache, X% Tonfall denke ich mir.

„Ok, das taugt. "

Marcels Gesichtsausdruck kehrt wieder zu seinem freundlichen Aussehen zurück.

„Danke. Sehr großzügig."

„Willste 'n Bier?"

„Nein Danke, ich hab mir damals nach der Verhandlung geschworen, nie wieder Alkohol außerhalb der Mahlzeiten zu trinken. Frusttrinken ist ohnehin mit das Dümmste, was man tun kann."

Wieder treffen seine Worte das Ziel. Das Schweigen, das diese kleine Auseinandersetzung hinterlässt, füllt sich mit den dumpfen Hintergrundgeräuschen des Cafés. Marcel hat sich in Richtung Theke gewandt. Als ich mich umdrehe, sehe ich, wie Franz den Rest seines Biers auf Ex in seine Kehle laufen lässt. Er stellt das Glas mit einem genussvollen Seufzer ab.

„Mein Herren, es war mir ein inneres Richtfest, aber ich mache mich jetzt auf den Heimweg."

Er legt einen zerknitterten Zehner auf den Tresen und steht auf.

„Bis zum nächsten Mal."

Er wartet keine Antwort ab, sondern geht zur Tür, während er sich die Jacke anzieht.

Vielleicht sollte ich seinem Beispiel folgen. Ich sehe auf die Uhr. Ja, wenn ich mich jetzt auf den Weg mache, komme ich sogar noch überpünktlich.

Ich ziehe meine Geldbeutel hervor und suche nach Annett.

„Der gute Mann verträgt die Wahrheit nicht."

Marcel sieht an mir vorbei in Richtung Tür.

„Hm, schon möglich. Die Zeiten sind nicht so rosig. Ich glaube, dass es vielen so geht wie ihm."

„Ihnen auch?"

Ich muss grinsen. Geht es mir gut? Eine Krise hab ich schon mal nicht. Trotzdem könnte es natürlich besser sein. Wer hat denn schon alles, was er will? Sowas geht so oder so nicht.

„Eigentlich nicht. Bin seit 12 Jahren verheiratet, hab zwei tolle Kinder und mein Job läuft, so dass wir einigermaßen davon leben können. Insgesamt läuft alles so dahin. Bin ganz zufrieden, so zu sagen."

Wieso erzähl ich das eigentlich einem Fremden?

„Zufriedenheit! Zufriedenheit ist ein Ausdruck für eine mittelmäßige Depression."

„Quatsch! Die meisten suchen nach Zufriedenheit."

Will er mir jetzt auch die Laune verderben?

Annett kann ich immer noch nicht finden. Wo steckt sie? Bald reicht mir die Zeit nicht mehr und ich komme zu spät nach Hause.

„Zufriedenheit – wie weit weg ist dieser Ausdruck von glücklich? Bedeutet er nicht mehr als:

Ja, ich bin schon auf der guten Seite des Lebens, könnte mir noch mehr vorstellen, aber für mich ist jetzt gerade nicht mehr drin?"

„Das klingt hart, so wie Sie das sagen."

Marcel lächelt.

„Welche Frau..."

Ja, Frau – wo ist Annett, bevor ich keine Frau mehr habe?

„...empfindet es als Auszeichnung, wenn ihr Mann sagt: mit dieser Frau bin ich ganz zufrieden?"

Steffi strebt da eher nach Superlativen. Ich glaub ich geh bevor er mir das Gleiche vorsülzt.

„Schauen Sie, es ist wie eine lauwarme Suppe. Sie ist bei diesem kalten Wetter schon mal genießbar, doch damit sie richtig wärmt, fehlt noch was."

Schon ist Annett in der Küche verschwunden. Mist, jetzt geht's wieder länger.

„Das Gleiche können Sie auch mit Ihrer Frau durchspielen."

Meine Frau, Alarm! Oder soll ich nachher einfach erzählen, dass die Straßenbahn im Schnee stecken geblieben ist? Ich glaub, mit so einer kleinen Notlüge geht es mir gleich besser.

„Wie heißt Ihre Frau?"

„Steffi. Oder eher: Fliegender Drache."

Marcel hat ein sympathisches Lachen.

„Nein, so schlimm ist sie nicht. Ich wollte nur bis halb sieben zu Hause sein. Das klappt nicht mehr."

„Und was machen Sie jetzt?"

„Kleine Notlüge, oder ich erzähl ihr einfach die Wahrheit."

„Kennen Sie die Bedeutung von Zufriedenheit und Hochzeit? Fragen Sie mal Steffi."

„Bei einer Hochzeit muss alles perfekt, wunderschön oder märchenhaft sein."

„Klar, mit Zufriedenheit kommt man da nicht so richtig an. Es geht doch schon los, wenn man irgendwo eingeladen ist."

„Oh ja, das kenn ich. Jedes Mal zuerst: was soll ich anziehen? Ich hab nix zum anzuziehen! Wie wird das Wetter? Passen die Schuhe zu meinem Sommerkleid?"

„So, und wenn sich Ihre Frau fertig hergerichtet hat für den Tag ihrer Hochzeit und Ihnen vor der Abfahrt die alles entscheidende Frage stellt: Na Schatz, wie sehe ich aus? Sagen sie dann mal: ja, bin ganz zufrieden. Dann können Sie daheim bleiben. Dieser Tag ist gelaufen."

„Woher kennen Sie meine Frau?"

Vor lauter Lachen hab ich Annett nicht mal bemerkt, als sie an uns vorbeigeflitzt ist.

„Das ist normal. Hab ja auch eine Frau. Das Schönste ist doch Begeisterung, insbesondere wenn wir Männer uns über das andere Geschlecht einig sind."

Grinsend stellt er seine Tasse ab.

„In diesem Fall bedeutet ganz zufrieden doch folgendes: Ja, Schatz, so kann man auch auf die Hochzeit gehen, doch ich hab eine bessere Vorstellung von dir im Kopf, doch leider reicht die Zeit oder das Geld für eine OP nicht aus."

Sein Lachen weckt den Hund hinten am Ecktisch.

„Sie ist nicht hässlich, aber vom Supermodell noch einiges entfernt. Und so ist es mit mir auch."

Jetzt bloß nicht nach unten auf den kleinen Weizenbierspoiler schauen.

„Wenn wir uns in Zufriedenheit suhlen, sind wir so spannend wie die Zeitung von gestern."

„Naja, nicht jeder ist Supermann."

„Es geht nicht drum, ein Überflieger zu sein, sondern aus dem tristen Alltag, dem Dauergrau, raus zu kommen."

Autsch, und jetzt kuckt er mir auch noch tief in die Augen.

„Ok, ich geb's ja zu. So richtig prickelnd ist es bei mir im Leben nicht. Was Außergewöhnliches hab ich auch nicht. Das Einzige, wo Spannung aufkommt ist, wenn ich an meinen Kontostand denke und ob ich einen neuen Auftrag bekomm."

„Mir ging es ähnlich. Wenn ich ehrlich bin, fand ich mich selbst zu dieser Zeit ziemlich langweilig."

Also auch kein Supermann.

„Meine Kündigung hat mich damals davon befreit."

Doch Supermann?

„Natürlich hat sie zuerst alles schlimmer gemacht."

Marcel sieht auf die Theke. Sein Lächeln ist verschwunden.

„Naja, zuerst suchte ich verbissen einen neuen Job. Das sah man mir natürlich sofort an. Auf meiner Stirn stand: Kann alles – gib mir Kohle. Und natürlich wollte mich niemand einstellen."

Kenn ich.

„Zuhause bekam meine Frau das Gefühl, dass sich alles nur noch um die Kohle dreht. Wir stritten uns täglich. Nach 4 Monaten war sie dann weg."

Nach einer kurzen Pause schüttelt er sich, als würde er die traurigen Erinnerungen abschütteln.

„In dieser Zeit habe ich alles verloren. Immer Stück für Stück, und mit jedem Mal ging für mich eine kleine Welt unter. Und noch eine, und noch eine. Das ging so weit, dass ich nicht mehr klar denken konnte vor lauter Schmerz."

„Und dann?"

„War alles weg. Ich war allein. Also hatte ich viel Zeit und Ruhe, um darüber nachzudenken, was ich wirklich zum Leben brauche. Was ist zwingend notwendig?"

He, das erinnert mich doch an was. Schnell stecke ich den Geldbeutel wieder ein.

„Und die Antwort?"

„Nur wenig. Permanent hab ich so getan, als müsste ich ums Überleben kämpfen. Wissen Sie, was dann passiert?"

Nachrichten um 18:30. Scheiß Fernseher. Scheiß Uhr. Ich lass mich ablenken. Jetzt sitzt ein Krisen-Überlebender direkt vor mir. Lieber heute kurz ums häusliche Überleben kämpfen, als keine Reportage und keine Kohle haben.

„Ich gewinne an Energie. Weil ich mir Mühe gebe."

„Nein, es ist ganz grundlegend. In Stresssituationen bekommen wir Menschen eine Adrenalinausschüttung und fallen zurück in die Urzeit. Stellen Sie sich vor: ein Höhlenmensch verrichtet gerade sein Geschäft und ein Säbelzahntiger taucht plötzlich vor ihm auf."

Schon wieder diese alte Metapher.

„Dann machen alle Löcher dicht und man handelt."

„Stimmt, Natan. Wenn Ihnen das so klar ist, dann wissen Sie ja auch, wie's weitergeht?"

Marcel zieht seine Augenbrauen nach oben, um der Frage mehr Ausdruck zu geben.

„Also, wenn wir Adrenalin produzieren, handeln wir nur noch. So wie ferngesteuerte Männchen. Nachdenken, Überlegen, Entscheiden, Kreativität gibt es nicht mehr, selbst die Wahrnehmung geht flöten und wir haben nur noch dem Tunnelblick."

„Genau. So geht es uns auch im Alltag. Wenn wir im Adrenalin sind, verlieren wir unsere Flexibilität. Was wir tun, empfinden wir als Zwang."

„Weil es eben viele Dinge gibt, die wir ungern tun. Aber wir haben keine Wahl."

„Das stimmt nur teilweise, denn es sind bei Weitem nicht so viele Dinge, wie wir annehmen.

Schlimmer noch: im Adrenalin erschaffen wir zusätzlich unangenehme Aufgaben."

„Was?"

„Ein Beispiel: Frisch aus meinem Loch gekrabbelt, machte ich mich als Berater selbständig. So wie drei meiner ehemaligen Kollegen. Die mühten sich in der Anfangsphase mit Aufgaben ab wie Firmierung, Homepage, Werbemaßnahmen, Visitenkarten, Firmenwagen etc."

„Na und? Ist doch normal."

„Wirklich? Was ist denn zwingend notwendig, um Berater zu sein?"

„Na eben ´ne Firma mit Homepage und Visitenkarten. Ein Auto muss ja nicht sein, aber die anderen Sachen..."

„Nein! Ein Kunde. Nur ein Kunde, der beraten wird – mehr nicht. Die anderen Sachen sind nett zu haben, aber nicht zwingend notwendig."

„Na ja. Das ist mir jetzt etwas zu banal."

„Sie sind Berater, wenn Sie jemanden beraten. Punkt. Darum müssen sie sich kümmern. Sonst geht gar nichts."

„Ohne Visitenkarten und ne vernünftige Homepage bekommt man aber heutzutage keine Kunden mehr."

„Weil es sonst unseriös wirkt. Diese Sachen sind und bleiben aber Dekoration.

Zwingend notwendig sind sie nicht. Das ist alles Beiwerk. Schauen Sie sich mal die Menschen draußen auf der Straße an: Weihnachtsstress, Geschenke, Weihnachtsbäume, Christbaumkugeln, Feiertagsbraten ... Das muss jetzt alles besorgt werden. Denn ohne ist Weihnachten nicht machbar."

„Klar, sonst wäre es ja Ostern."

Gleich krieg ich ihn aus der Reserve mit meinen dämlichen Sprüchen.

„Genau. Was ist denn der Unterschied? Woran machen wir fest, dass es Weihnachten ist? Doch nur am 24. Dezember und den zwei Folgetagen. Wie wir es feiern, und was wir für ein Tamtam drumherum machen, bleibt doch jedem selbst überlassen. Oder kennen Sie jemanden, der genau gleich Weihnachten feiert? Die gleichen Geschenke, die gleiche Deko, den gleichen Braten, die gleiche Zeremonie? Selbst ob man arbeitet oder nicht, ist individuell und unterliegt keinem Zwang. Der Bauer darf seine Kühe auch an Weihnachten füttern, sowie der Pfarrer sein Schäfchen mit Geistesnahrung. Weihnachten ist doch nur eine exakte Definition von Tagen. Das weiß doch jedes Kind: vorher und nachher gibt es keine Geschenke."

„Gott sei Dank, sonst wäre ich arm."

„Zurück zu den Gesichtern in der Fußgängerzone.

Viele sind angespannt, in Eile oder haben sogar schon den Vollgas-gegen-die-Wand-Tunnelblick. Da ist die Freude auf Weihnachten doch längst in Stress und Hektik untergegangen. Der da drüben zum Beispiel ..."

Gegenüber stürmt gerade der Hutträger im schwarzen Wintermantel mit seinen übervollen Plastiktüten aus dem Kinderwunschladen, auch Elternverarmungsanstalt genannt.

„Adrenalin pur."

„Mit Homepage und Visitenkarten ist das ähnlich. Weil uns nicht klar ist, was zwingend notwendig ist, machen wir uns an Arbeiten, die nur Dekoration sind. Das Ergebnis: wir sind beschäftigt und bekommen keinen Auftrag. Das hält uns von unserem Erfolg ab und treibt uns Schritt für Schritt in die Enge. Denn egal, was und wie wir's anstellen, ohne einen Kunden geht nix."

Jetzt hab ich´s kapiert.

„Also geht es Ihnen um das zwingend Notwendige."

„Natürlich. Wie häufig kommen Sie an Ihre besten Stories über Ihre Visitenkarte? Wohl kaum. Und im Beratungsgeschäft zählt das Vertrauen und persönliche Beziehung zum Berater und dies können wir nicht mit einem Stück Papier oder einer Website erreichen.

Klarheit, dass das einzig notwendige ein Kunde ist, gibt Ihnen die Möglichkeit, Ihre gesamte Energie und Aufmerksamkeit auf diesen Punkt zu richten, so dass der Kunden auch merkt, dass es um ihn und nicht die Farbe der Visitenkarte oder der Homepage geht. Und sobald wir das erreicht haben, Klarheit über das zwingend Notwendige, haben wir doch schon alle Freiheiten der Welt. Wenn etwas wirklich notwendig ist, wenn es ums Überleben geht, dann ist kämpfen auch in Ordnung. Sobald diese Grenze jedoch unterschritten wird, behindert uns das Adrenalin darin, wirklich erfolgreich zu sein, denn dazu brauchen wir die volle Kapazität des Hirns."

„Und dann macht plötzlich alles Spaß?"

„Vielleicht nicht alles. Aber der Spielraum wird größer. Wir bekommen wieder eine Wahl, erkennen unseren Freiraum. Können gestalten, anstatt nur zu reagieren und irgendwelchen fiktiven Regeln und Vorgaben hinterher zu hetzen."

„Und das macht uns automatisch erfolgreich?"

„Es treibt uns an. Nur die Aufgaben, die wir mit positiven Gefühlen verbinden, erledigen wir wirklich effizient. Wenn wir den Weg mit Begeisterung gehen, nehmen wir jede Hürde sportlich.

Ansonsten kennen wir nur ein Verhalten und beim ersten Misslingen erhöhen wir den Druck und rennen immer wieder mit dem Kopf gegen die Wand."

Marcel nimmt die Sportseite aus der Zeitung und zeigt auf ein Foto.

„Kennen sie denn?"

„Klar, das ist Leonel Messi." ein bisschen kenne ich mich im Fußball aus.

„Wissen sie was den auszeichnet?"

„Kann gut Fußball spielen, was sonst?"

„Ja, und wie macht er das?"

„Keine Ahnung. Ich konnte noch nie gut mit Bällen umgehen."

„Ganz einfach: Er ist flexibel."

„Das muss er ja wohl sein, als Sportler."

„Sie verstehen mich nicht. Ein normaler Mensch hat ca. 15.000 Bewegungsmuster abgespeichert. Messi kommt anscheinend auf über 150.000 Bewegungsmuster."

„Wenn ihn sein Wissen zu einem besseren Fußballspieler macht, dann ist Information doch das Wichtigste."

„Es geht aber nicht nur um Information, sondern Handlungsfähigkeit.

Viele Fakten zu kennen ist nicht der Maßstab für Intelligenz, sondern die Fähigkeit, dieses Wissen anzuwenden. So auch im Sport: Bewegungsmuster allein sind nicht alles."

„Aber ohne geht's auch nicht."

„Das ist richtig, aber sie nützen eben nicht viel, wenn wir vor lauter Anspannung das Ergebnis verhunzen. Nehmen Sie Messi: Der ist mit dem Ball so flexibel wie ein Wassertropfen. Wenn man ihm jedoch den Spaß am Spiel verdirbt und er seine Spielfreude verliert, dann schüttet er, wie jeder andere auch, Adrenalin aus und kann sein Potential nicht mehr nutzen. Er ist nun voll im Stress, hat keine Auswahl mehr sondern nur eine Handlung. Dann kann ihn jeder Libero stoppen."

„Ich glaub ich hab's kapiert. Sobald ich kämpfe, schränke ich meine Wahrnehmung und Flexibilität ein."

„Richtig. Und genau das war mein Weg aus meiner Lebenskrise. Immer zu beachten: Muss ich kämpfen oder nicht? Ich habe es ‚die Überlebenslinie' getauft. Wenn ich die Überlebenslinie so hoch ansetze, dass alles was ich brauche, zu einem Muss wird, komme ich aus dem Stress nicht mehr raus."

Ein Blick auf die Uhr genügt bereits, um mich in Stress zu versetzen.

Ich sehe meine Frau vor mir, wie sie am leeren Esstisch sitzt, die Tür anstarrt und mit ihren Fingern auf den Tisch trommelt. Ob ich mit der Notlüge durch komme? Oder ist Ehrlichkeit doch der bessere Weg? Apropos Ehrlichkeit:

„Marcel, ich arbeite da gerade an einer Reportage, bei der Sie mir helfen könnten. Es geht um Krise."

„Bitte wie?"

„Nun, ich bin von Beruf Reporter und muss eine Reportage über das Thema Krise machen."

Marcel wirft dem Fernseher ein schallendes Gelächter entgegen.

„Ein Reporter. Komm ich jetzt ins Fernsehen?"

„Nein. Ins Radio. Ich schreib eine Reportage, die vor Weihnachten noch gesendet wird."

„Ok. Und wie kann ich helfen?"

„Das mit der Überlebenslinie, darf ich das verwenden?"

„Hm, mit der Überlebenslinie dürfte es ein Leichtes sein, in eine Krise zu kommen. Sie müssen Sie nur hoch genug ansetzen. Klar, machen Sie das, aber lassen Sie meinen Namen raus."

Ich hätte nicht gedacht, dass es so einfach ist.

Soviel wie möglich zu einem Muss erklären und darum kämpfen wie ein Löwe. Das muss ich mir aufschreiben.

Schnell das Notizbuch raus. Ich will gerade loslegen, da mahnt mich eine leise Stimme: da war doch noch meine eigene Überlebenslinie. Ich darf nur an meinem Arbeitstisch schreiben, meinem Erfolgszentrum.

Mist. Was mache ich jetzt?

Ohne lange zu überlegen, stehe ich auf und gehe an meinen Tisch, an dem noch immer das Pärchen sitzt. Ich setze mich ungefragt dazu, breite mein Schreibzeug aus und fange an zu arbeiten.

Das Pärchen sieht mich erschrocken an. Was für ein peinlicher Auftritt. Ich spüre, wie ich rot werde. Jetzt dürfte ich den Ruf als unhöflicher Wahnsinniger weg haben. Aber Muss ist Muss, es geht jetzt uns Überleben.

„Bin gleich wieder weg."

So schnell der Stift es zulässt, kritzle ich meine Notizen: Muss, zwingend notwendig, Überlebenslinie, Adrenalin, Marcel, ...

Ich schaue auf die Uhr: 20:00! Verdammt, noch viel später als gedacht. Das gibt Ärger. Also Schluss für heute. Hab hoffentlich alles notiert. Und hoffentlich kann ich das morgen wieder lesen.

„Danke für ihre Geduld. Einen schönen Abend noch."

Ich gehe zurück an die Bar. Jetzt schnell zahlen und ab die Post.

„Was war das denn?"

„Nur an diesem Tisch komme ich zur Krise, sozusagen meine persönliche Überlebenslinie zur Probe."

Wieder lacht er los.

„Bei den beiden haben sie auf jeden Fall einen bleibenden Eindruck hinterlassen."

Mit einem Kopfschütteln reicht mir Annett meine Sachen über den Tresen. Ich drücke ihr einen Schein in die Hand.

„Stimmt so."

Erst jetzt merke ich, dass ich danebengegriffen habe und sie einen Zwanziger in der Hand hält. Na egal.

Während ich meine Jacke anziehe, wende ich mich noch mal an Marcel.

„Sind sie öfters hier in der Gegend?"

„Eigentlich weniger, zwei- bis dreimal im Monat, aber wenn ich wieder in Stadt bin, schaue ich auf jeden Fall vorbei."

„Wunderbar. Dann sehen wir uns sicherlich wieder."

„Sie können mich übrigens duzen."

Er streckt mir seine Hand entgegen.

„Marcel."

„Natan."

„Freut mich."

„Mich auch, aber ich muss jetzt los."

Je mehr Dinge ich zu einem „Muss" - also als zwingend notwendig - erkläre, desto schneller bin ich am Kämpfen. Dadurch produziere ich Adrenalin und mein Verhaltensspielraum und die Möglichkeit des Denkens und Überlegens sinkt, bis mir nur noch eine Handlung zur Verfügung steht. Die Kreativität, das Auswählen, das Nachdenken, hat sich damit erledigt. Lösungsalternativen sind nicht mehr existent. Je höher der Adrenalinspiegel, desto mehr kämpfe ich. Bis zur absoluten Verbissenheit.

4. Blinde Kuh

Schnell die Tür zu geknallt. Man merkt, dass es Winter ist. Die richtige Zeit für den Weihnachtsmarkt. Es ist kalt und eine paar kleine Flocken gleiten auf die Straßen, um die Passanten darauf ausrutschen zu lassen. Die beste Stimmung für einen Glühwein und eine Bratwurst, doch jetzt ist es dafür noch zu früh, gerade mal 8:50 Uhr.

Gabi macht die Tische sauber. Sie sieht nicht auf, als ich reinkomme. Ist wohl gerade in Gedanken.

Vorsichtig sage ich: „Guten Morgen, Gabi."

Gabi zuckt zusammen. Ihr Lappen fliegt ihr aus der Hand. Ich kann gerade noch ausweichen.

„Mensch, haben Sie mich jetzt erschreckt."

Ihr müder Gesichtsausdruck lässt auf eine kurz Nacht deuten. Sie ist etwas muffig, genauso wie gestern. Ich glaub, die kennt morgens auch noch kein Lächeln. Morgenmuffel halt.

„Was machen Sie schon hier drin? Wir öffnen erst in 10 Minuten."

„Schicken sie Ihren Lieblingskunden jetzt in die Kälte?" Auch mit dem Spruch kann ich ihr kein Lächeln entlocken. Granitblock.

„Nee, bleiben Sie da. Ich bin gleich fertig. Was treiben Sie denn schon hier?"

„Ich bin Reporter, und bisher sind mir meine besten Stories hier im Café eingefallen."

„Sie sind schrullig, aber ok. Wenn Sie arbeiten wollen, will ich Sie nicht davon abhalten. Wollen Sie was essen oder trinken?"

War das ein Kompliment oder sogar ein persönlicher Annäherungsversuch? Gabi wird doch nicht noch nett sein.

„Was jetzt? Aufwachen! Was darf ich Ihnen bringen."

Ok, Fehlalarm. Doch doof.

„Ich will heute mal richtig Frühstücken. Bitte bringen Sie mir die Karte."

„Jetzt noch extra Wünsche, das hat man davon ..." wenn man Gutmütigkeit ist, war nicht mehr zu hören, doch klar, dass das kam. Gabi poltert durch das Café auf den Stapel von Speisekarten zu.

Ich bin extra früh aufgestanden, damit ich heute wieder meinen Platz zum Nachdenken bekomme. Marcel hat gestern Recht gehabt: Erstmal schauen, was ich denn tatsächlich brauche.

Was ist zwingend notwendig damit ich meinen Gedanken nachgehen kann? Der Tisch, der Stuhl, dieses Eck, all das ist zwar wünschenswert, doch drum kämpfen ist Blödsinn. Dann bin ich schon am Grübeln und nicht offen, um neuen Gedanken zu finden.

Ein eigenartiges Gefühl, allein im Cafe zu sitzen. Was ist zwingend notwendig, um ein Café zu betreiben? Räumlichkeiten, Kaffee und ein Gast. Schon erfüllt.

Ich hole mein Notizbuch hervor. Mein erster Tag fing ja recht aufschlussreich an. Was ist meine Ausbeute von gestern?

„Also, was wollen sie jetzt?"

Oh, ich hab Gabi völlig vergessen.

„Ein Cappuccino und das English breakfast mit viel Speck, wenn's geht."

Schon mitten im Satz stampft Gabi los mit „Ok, kommt gleich" und „Immer diese Extrawünsche." Dick und fett auf ihren Stirnrunzeln geschrieben, verschwindet sie in der Küche.

Mein Notizbuch hat schon ein paar kritzlige Bemerkungen drin.

Der Königsweg - sich auf einen Weg zu versteifen, ein Ende zu definieren - damit Stress aufkommt und zum Schluss so viel wie möglich zum Muss erklären – so dass ich den Druck damit erhöhen kann.

Da krieg ich mindestens schon 10 Minuten Sendezeit raus. Cool, dann kann ich den Tag mal ruhig angehen lassen. Was steht heute in der Zeitung?

Bis mir Gabi den Cappuccino bringt, bin ich schon auf Seite drei. Gottes vergessene Kinder, das ist sicher die Strafe für meine Extrawurst oder Extraspeck.

„Und, was gibt's Neues in der großen weiten Welt?"

Sie wird doch nicht heute Morgen doch noch mit mir reden, ist die schizophren oder taut sie auf?

„Nix besonderes, ein Konzern wird wieder ein paar Stellen streichen, der Dax ist um 0,5 % gesunken, und irgendwo ist in China ein Sack Reis umgefallen."

Geschafft, lächelnd stellt sie meinen Cappuccino auf den Tisch.

Krisen findet man am besten in den Nachrichten. Wo sonst. Welche Nachrichten will man am meisten hören? Die schlechten. Vielleicht aus Sensationsschau, Schadenfreude oder dem Gefühl „Gott sei Dank, der Krug ist an mir vorbei gegangen".

Wie immer geht es schon auf der Titelseite los. Hurra, Anleger verklagen ihre Bank, dass sie Geld an der Börse verloren haben.

Ich kann mich noch genau an meine eigene erste Börsenerfahrung erinnern. Waren es zwei- oder dreitausend Mark? Hatte Geld von meinen Ferienjobs als Schüler gespart, um damit meine ersten Börsengeschäfte zu machen.

Damals lag ich in Spanien am Strand und las ein Buch vom großen Börsenguru André Kostolany.

Warum machen Mensch Verluste an der Börse? Ganz einfach: weil sie verkaufen wollen. Warum wollen sie verkaufen? Zum einen weil sie das Geld brauchen. Das war's. Ich hatte mich vor Lachen im Sand gewälzt.

Sechs Monate später brauchte ich ein Auto und verkaufte meine Aktien mit Verlust. Drei Monate zu früh. Eine alte Weisheit der Börse besagt: bring nur das Geld an die Börse, welches du absolut nicht brauchst.

Und der zweite Grund warum die Menschen verkaufen? Schlechte Nerven oder sogar blanke Panik. Wenn der Börsenkurs unter den Preis der gekauften Aktie fällt, werden die Meisten unruhig. Kostolanys Spruch dazu: „Gehen Sie an die Börse, und stecken Sie Ihr Geld in Aktien. Dazu kaufen Sie sich in einer Apotheke eine große Dosis Schlaftabletten. Nach vier Jahren wachen Sie als reicher Mann auf."

Doch die meisten werden sofort nervös, wenn der Kurs in Richtung Verlust dreht. Wie nennt man das? Risiko.

Klar, wer das Risiko nicht bewusst eingeht, der kommt leicht ins Wanken, wenn sich der Wind dreht.

„Was schreibst du da?" Leonhard schaut mir über die Schulter.

„Risiko, wie leicht Menschen unsicher werden."

„Ist dein Büro jetzt ins Café verlegt worden?"

Er lacht und lässt sich auf den Stuhl neben mir fallen. Mit braunen Augen durchbohrt er mich. Er ist immer noch ein attraktiver Mann. In der Jugendzeit hat er mir mal meine Flamme ausgespannt. Damals hätte ich ihn umbringen können. Heute sind wir keine Nebenbuhler mehr. Ich bin verheiratet und will es auch bleiben. Meine Frau steht auf mich und Leonhard ist seit seiner Scheidung mit einer neuen Frau frisch zusammen.

„Hast du nix zu arbeiten?"

„Doch, aber deine Frau hat gesagt, dass du dich im Café rumtreibst. Ich hab gerade eine halbe Stunde Luft und hab gedacht, mal schauen was Natan da so treibt."

„So, du redest hinter meinem Rücken mit meiner Frau?"

Früher hätte das bei mir einen Eifersuchtsanfall ausgelöst, doch heute ist das kein Problem.

„Nö, Sandra hat gestern Steffi getroffen und die beiden haben sich über dich amüsiert. Der rasende Reporter. Tust so, als wärst du auf dem Weg, den Pulitzer zu gewinnen und hängst tatsächlich den ganzen Tag in Café rum. Du hast auch einige Beinamen bekommen."

Sein Grinsen geht fast schon einmal im Kreise.

„Ich hab gedacht, ich guck mal nach dir. Nicht, dass du so ganz alleine im Café sitzen musst."

Gabi drückt sich zwischen uns und knallt mir mein Frühstück hin, so dass der Pfefferstreuer fast umgekippt wäre. Die Spiegeleier und der Speck dampfen mir freundlich entgegen.

„Gabi, bringen Sie mir bitte einen Espresso und Messer und Gabel." Flachst Leonhard.

„Der Kerl hier ist eh zu dick und ich hab Hunger."

„Vergiss es."

„... der ist auch kein Hering." brummelt mir Gabi zu.

Und weg ist sie und Leonhard ist fast das Gesicht stehen geblieben.

Ein bisschen nervt mich das schon, die Weiber lästern über mich und mein Freund guckt, ob ich schon faule.

„Lass es dir schmecken."

„Du lebst ja wieder!"

„Ist die immer so nett?"

„Jo, ein reiner Sonnenschein."

Sein Blick wandert über den Tisch und bleibt auf meinem Notizbuch hängen.

„Sag mal, was machst du jetzt wirklich?"

„Es ist tatsächlich so, ich arbeite."

„An was?"

„Es ist wie jedes Jahr der gleiche Mist. Am Jahresende geht mir das Geld aus und ich muss um jeden Job kämpfen. Dieses Mal geht es um eine Reportage über das Thema Krise."

„Und wie weit bist Du?"

„Also die ersten Ansätze hab ich: Versteifen auf einen Weg, Termin mit endgültigem Ende setzen und alles zum „Must Have" erklären."

„Cool, und jetzt? Bist du fertig und lungerst hier rum."

„Nein. Es geht um Krisen im Allgemeinen. Vielleicht kannst du mir ja helfen."

„Seh ich etwa so aus, als ob ich eine Krise hätte?"

Der Stuhl knirscht und er knallt mit seinem Fuß an das Tischbein, als er sich mit etwas zu viel Schwung nach hinten fallen lässt.

„Am besten noch eine Midlife Crisis."

„Klar, guck dich doch mal an. Dickes Auto, neue Frau – und wolltest du nicht noch eine Harley kaufen?"

Oh, tut das gut. Der Gag ist auf meiner Seite. Leonhard richtet sich in seinem Stuhl auf und macht seinem Namen alle Ehre: Leo der Löwe.

„Bevor du anfängst zu brüllen, Klein-Leo. Ich meine was anderes."

Soll er jetzt brüllen oder entspannen?

„Beim Zeitungslesen ist mir heute Morgen aufgefallen, dass auf den ersten Seiten viel über Krisen steht. Insbesondere mit den Themen Finanzen und Börse. Finanzkrise an sich ist ja ein Alltagswort geworden. Da kann ich sicherlich was für meine Reportage gebrauchen und du als Finanzberater bist ein Experte auf dem Sektor."

Löwe Leo genießt seine Wertschätzung wie ein König. Ganz gelassen sitzt wieder auf seinen Thron.

„Dabei hab ich mich an Kostolany erinnert. Den Verfechter der Nervenstabilität. Kauf Aktien, lass sie ruhen und schau nach Jahren, was sie wert sind."

„Das kenn ich, das ist mein wichtigster Job beim Kunden."

Leonhard beginnt in seinem Stuhl zu wachsen und seine Stimme bekommt einen majestätischen Unterton.

„Egal wie hoch der Kurs auch ist, sobald der Kurs auch nur einen Punkt verliert, gibt es immer einen, der mich anruft und mir was vorjammert."

Jetzt noch ein wichtiges Räuspern.

„Ich bring jedem Kunden bei, dass er das Risiko bewusst eingehen muss. Jeder Berater, der das nicht tut, soll als Strafe das Gequake ertragen."

Ich muss nicht mal fragen, er plappert munter weiter.

„Das Beste war doch, als selbst Gretchen und Blödchen beim Telekom-Börsengang zum Aktienkauf beworben wurden. Als die Aktie dann runterging, wollte keiner mehr etwas davon wissen, dass eine solche Kaufentscheidung nicht nur Gewinn sondern auch Risiko beinhaltet. Zum Schluss waren es die bösen Berater, die nicht erklärt haben, dass sich Aktienkurse nicht nur nach oben bewegen, sondern auch die Frechheit haben könnte, nach unten zu fallen. Das siehst du jedoch in vielen Bereichen. Risiko will doch keiner mehr eingehen. Wer sich ein Auto kauft, kauft sich den Stau mit. Doch wenn er drin steckt, wundert er sich und fragt, wer ihm das angetan hat."

So langsam füllt sich das Cafe und Gabi kommt in Fahrt.

„Noch ein Espresso bitte" ruft ihr Leonhard hinterher.

„Weißt du noch, als sich Marianne und ich getrennt haben? Das war lustig zu beobachten. Wir waren doch für alle das Traumpaar. Stimmt's?"

O ja, das waren sie wirklich. Beide sehr attraktiv, gebildet und sportlich. Beruflich haben sich beide hochgearbeitet. Leonhard als Finanzberater, so dass es fast unverschämt war, wie gut es ihnen ging. Neidisch war ich sicherlich nicht, doch Marianne war schon ein heißer Feger. Schade, dass ich keinen Kontakt mehr mit ihr hab.

Und dann plötzlich: Trennung.

„Ja, das wart ihr."

Ehrlich gesagt, eher nur sie, hätte sie gerne getröstet, aber sie zog gleich weg.

„Für mich war interessant, wie ihr euch verhalten habt. Alle befreundeten Ehepärchen waren irgendwie geschockt."

Leonhard nippt an seinem Espresso. Ist glaub gut, dass sie weggezogen ist, dann kommt man schon nicht in Versuchung.

„Ja, man weiß zwar, dass sich die Hälfte aller Paare wieder scheiden lassen. Aber die Meisten sagen sich: Aber uns Schatz, trifft das nicht. Oft unausgesprochen, doch erhofft.

Als es bei uns aus war, hab ich beobachtet, dass sich die Pärchen um uns herum stärker um ihre Beziehung gekümmert haben. So nach dem Motto: das Schreckgespenst gibt es nicht nur in Afrika, es ist auch schon in unserer Stadt. Die Wahrscheinlichkeit ist auf einmal nähergerückt.“

„Da hast du Recht. Wir haben damals oft über euch gesprochen, denn zuerst waren wir total überrascht und dann hatten wir Angst, dass uns das gleiche Schicksal ereilt.“

Tja, und auf einmal wollte meine Steffi wieder viel Sex. Danke, dir Leo.

„Ja, und die Scheidungsquote hat sich nicht verändert. Das Risiko der Trennung war immer noch die Gleiche, nur jetzt habt ihr es auch auf euch bezogen.“

„Wir haben auf einmal einen Tanzkurs gemacht,...“

Mir tun heute noch die Füße weh, wenn ich daran denke. Gott sei Dank, ist das jetzt durch.

„... einen Abend im Monat für uns freigehalten und so weiter.

Das Risiko hab ich nicht wirklich für unsere Beziehung in Betracht gezogen, da hast du Recht. Das kam erst mit eurer Trennung."

„Beim Klettern ist das genauso. Ich erinnere mich an ein Interview mit Reinhold Messner."

Früher waren wir da mal richtig gut drauf.

„Er hat zwei schöne Aussagen gemacht. Zum Einen: „Wer in den Bergen nicht sterben will, soll nicht in die Berge fahren" und zum Anderen: „Als ich den Tod akzeptierte, konnte ich mich voll auf das Klettern und die Wand konzentrieren." Wörtlich bekomm ich es nicht hin, aber der Inhalt ist das was zählt."

„Klar, wenn ich im Vorfeld ein Schicksal akzeptiere, überrascht es mich auf dem Weg nicht mehr."

„Ja, und du bist in der Lage, die Situation auszuhalten oder sogar für dich zu gewinnen, indem du noch reagieren kannst, wenn es mal nach unten geht. Ansonsten bist du gleich in der Angststarre und dann ist alles vorbei."

„Siehst du, Leonhard, jetzt hast du mir sogar weitergeholfen."

„Ja, so wie früher auch immer."

König Leo ist jetzt wieder gehuldigt und wieder ein zahmes Kätzchen.

Leonhard schaut auf seine Uhr, natürlich ein Luxuswecker, für den sich Manche ein Auto kaufen.

„Ausgeplaudert. Mein Kunde erwartet mich gleich. Wir haben einen Kennenlern-Termin hier im Café vereinbart. Ich kann dich ja nicht alleine lassen.“

Was soll jetzt das? Er ist wohl doch ein Spion von Steffi.

„Als Lohn darfst du mir meine zwei Espressi zahlen.“

Der Hüne steht auf und macht sich davon. Zu einem Tisch an der Wand mit Blick auf die Tür. Und ich kann endlich weiter arbeiten.

Das Kritzeln macht mir einfach Spaß. Was für ein Genuss, mal wieder einen Füller zu benutzen.

Also Risiko kann ich auch mit aufnehmen. Was kann ich dazu alles notieren?

Einfach verschweigen oder es nicht für bare Münze nehmen. Weht der Wind nicht in Richtung des gewünschten Ziels, scheint alles in die Hose zu gehen. Dann kommt gleich die Vermutung oder sogar die Gewissheit des Versagens.

Mein Handy vibriert. Macht ein Elendsradau auf dem Holztisch. Da hätte ich den Ton eingeschaltet lassen können.

„Markus"

„Guten Morgen Natan. Wie kommst du voran?"

„Geht so"

Nur nicht sagen dass ich schon einiges hab, sonst kürzt er mir noch das Honorar.

„Ich hab gestern unseren neuen Pfarrer kennen gelernt."

Oh, jetzt wird er auch noch gläubig. Ein Zug an Markus, der bisher nicht zum Vorschein kam. In meinen Augen ist er eher Menschenschänder und Sklaventreiber, als Barmherziger.

„Wir haben uns unterhalten und kamen dabei auf das Thema Lebenskrisen. Ich hab von deiner Reportage erzählt. Was er erzählt hat, fand ich ganz spannend. Bau mir das bitte in Reportage ein."

Typisch Markus, eigentlich nur ein Moderator und kein Journalist. Der soll sich doch auf seinen Job konzentrieren.

„Jawohl, Chef."

Das „Chef" hasst er mindestens so wie ich.

„Nicht patzig werden. Denke, du kannst jede Hilfe gebrauchen."

Hilfe schon, aber Moralpredigten von einem Pfaffen halten mich sicher nur auf.

„Du sitzt doch garantiert noch im Café Pascal, ich hab ihn gleich gebeten, morgen - also heute - bei dir vorbeizuschauen."

Super, vielleicht bringt er noch den heiligen Geist mit. Dann können wir noch eine Messe abhalten.

„Karl war gestern auch mit dabei. Er hat mir von eurem Date erzählt. Er sagte, dass er dich ausgebildet hat."

Ich kann sein spöttisches Grinsen hören.

„Er meinte, so unter Kollegen, solltest du ihn heute Morgen noch anrufen, denn er hat gestern noch einen Klient gehabt, der sich von dir interviewen lassen würde. Also ruf Karl jetzt an."

Klack. Bevor ich noch was sagen konnte. Typisch Markus. Höflichkeit gibt's im Nachbarraum.

Ich hasse das wie die Pest. Keine Ahnung von richtigem Journalismus und mir noch vorschreiben, was ich zu tun hab. Dann ruf ich mal den guten Kollegen an. Dr. Späth war ja ein netter Kerl, wie kommt er eigentlich zu solch einem Freund?

„Praxis Dr. Späth."

Hat mir also doch nicht seine direkte Durchwahl gegeben.

„Natan Voght"

„Guten Tag Herr Voght" zwitschert eine warme, leicht erotische Stimme am anderen Ende.

„Auf Sie hab ich schon gewartet."

Klasse, hinter der Stimme kann ich mir viel Schönes vorstellen und wenn die Schöne dann noch auf mich wartet...

„Herr Dr. Späth ist schon aus dem Haus. Ich soll Ihnen ausrichten, dass er gestern einen Klient..."

Mensch, die kann ja reden ohne Luft zu holen. Da bleibt ja kein Platz zum Flirten. Achtung, Hirn einschalten, zuhören.

„...und der hat sich bereiterklärt, sich von Ihnen heute Morgen noch interviewen zu lassen..." Ob sie wirklich attraktiv ist? Vielleicht nur eine Vorstellung.

„.... Telefonnr. und Daten schicke ich Ihnen am besten gleich per Email."

Klasse dann brauch ich mich nicht entlarven, dass ich gerade nicht zugehört hab.

„Super, dass ist klasse von Ihnen."

„Gern geschehen. Ein schönen Tag noch." Klick.

Peng hätte es auch machen können, jetzt bin ich aus meinem Tagtraum aufgewacht. Die ist genauso wie ihr Chef. Kurz, klar und knackig. Auf jeden Fall gleich anrufen, das ist bei mir hängengeblieben.

Notizbuch zurechtrücken. Füller in die Hand, Email öffnen, Nummer wählen.

„Gabi, bring mir doch bitte noch ein Wasser." Mit trockenem Mund höre ich mich schrecklich an und weil der … wie heißt er eigentlich? Steuerberater Stefan Weidenreich. Wenn er 37 % Tonalität und 8 % Inhalt von meiner Kommunikation mitbekommt, sollten seine 55 % Fantasie nicht mit einer trockenen Stimme angereichert werden.

Gabi ist im Stress. Das Glas, das sie schier im Galopp verloren hat, schwappt fast über.

Noch ein Schluck und los.

„Kanzlei Weidenreich…"

Diesmal ist die Stimme nicht so nett.

„Natan Voght, guten Tag. Könnte ich bitte mit Herrn Weidenreich sprechen."

„Um was geht's?"

Der Psychoklempner von deinem Alten hat mich geschickt.

„Um ein Telefoninterview …"

„Ach Sie sind das, Moment bitte."

Klick, schon wieder darf ich nicht ausreden. Ich nutze die Pause, um die Aufnahme-App zu aktivieren. Zwar ist das nicht so schön, wie mit dem Füller zu schreiben, aber dafür praktisch.

„Stefan Weidenreich"

Seine Stimme hört sich an wie eine Sirene. Leicht im Stress und etwas zu hektisch.

„Guten Tag, meine Name ist Natan Voght, Herr ..."

„Ich weiß schon."

Jetzt geht das schon wieder los. Hallo, Ausreden lassen! Gehört zur guten Erziehung.

„Können wir das Interview schnell durchziehen. Hab wenig Zeit heut."

Warum hast du dann überhaupt zugestimmt? Egal, Hauptsache ich komm zu meiner Story.

„Ok, ich mache gerade eine Recherche über das Thema Krise."

„Das weiß ich bereits, Herr Dr. Späth, hat mir gesagt, ich soll von meinem Dilemma erzählen. Also..."

Moment mal, was hat das mit meinem Thema zu tun?

„Ach Moment mal bitte, ich mache noch kurz meine Türe zu."

Ah, seine Vorzimmerdame ist ein Eleporter, wie die von Markus bei uns in der Redaktion. Das ist eine Mischung aus Elefantenohr und Reporter. Die weiß und verbreitet den aktuellen Tratsch weiter.

An Markus Stelle hätte ich sie schon längst laufen lassen, aber er meint, er könne keine neue bekommen und deshalb traut er sich nicht. Bums, die ist zu.

„Kurz und knapp. Ich hab es geschafft meine Steuerberaterkanzlei gerade zu sanieren. Im Sommer war ich fast insolvent. Und das als Steuerberater.“

Stimmt, der Schuster hat immer die schlechtesten Leisten.

„Das hört sich gut an. Oh, Entschuldigung, natürlich gut für Sie.“

„Ja.“

„Und wie konnte das passieren?“

„Ich hab mir vor 2 Jahren einen Partner in die Kanzlei geholt. Und diesen Sommer wieder rausgeschmissen.“

Das war´s?

„Können Sie mir vielleicht mehr dazu sagen?“

„Oh, natürlich. Ich bin mit meinen Gedanken immer zu schnell. Also ...“

Gegen Herrn Weidenreich hätte ich auch ohne Wasser noch richtig relaxt gewirkt.

„Ganz einfach. Den Typ hab ich auf einem Kongress kennengelernt. Wir haben uns gleich super verstanden. Er konnte klasse reden.

Das stellte sich jedoch nachher nur als warme Luft raus."

Das klingt wie der Anfang einer schlechten Ehe. Gleich erzählt er mir, dass der Typ ihn mit einem anderen Steuerberater betrogen hat.

„Und wie war das mit Ihrer Partnerschaft?"

„Naja, wir hatten über 2 Jahren immer wieder Kontakt. Bis er mir dann mal erzählte, er hätte hier eine neue Lebensgefährtin und will zu uns runter ziehen. Dabei kam uns der Gedanke, Partner zu werden. Da ich mit meiner Arbeit immer am Anschlag war, fand ich den Gedanken ok. In der ersten Zeit hat sich das alles gut angehört, doch außer schönen Worten war nicht viel drin. Nach drei Monaten sah ich auf das Ergebnis. Umsatz unverändert, Kosten erheblich gestiegen – Verlust. Das dies insbesondere in der Anfangsphase normal ist, hab ich von Anfang an verdrängt, darum hat dies mich aus der Bahn geworfen. Zum ersten Mal einen Verlust und dies noch mir als Steuerberater. Wahrhaben wollte ich es nicht. Ich dachte mir, noch mehr arbeiten, um wenigstens die Kosten zu decken, ist die Lösung."

„Wurde es dann besser?"

„Nein, das war dann wie eine Spirale und ich gab immer mehr Gas. Dabei hab ich alles um mich herum vergessen.

Schon beim ersten negativen Monatsergebnis war ich wie besessen. Bloß nicht weiter abrutschen, so viel arbeiten wie möglich. Leider wurde es immer schlimmer."

„Wie weit ging das?"

„Naja, schon nach dem dritten Monat und den ersten negativen Zahlen dachte ich, wir seien pleite. Tatsächlich ging es eineinhalb Jahre bergab. Da waren wir dann wirklich kurz vor der Insolvenz."

„Und dann?"

„Hab ich mir mal ein Wochenende in den Bergen gegönnt. Na ja, eigentlich hat mir mein Arzt gesagt, er würde mich sonst einweisen. Zum Glück. Die frische Luft hat mich gerettet. Und aus der Distanz konnte ich die Sache neu betrachten. Ich habe nachgeschaut, was da bei uns in der Kanzlei schief läuft und feststellen müssen, dass mein Partner eine reine Luftnummer ist. Also hab ich ihn rausgeworfen."

„Cool. Aber Sie sind doch Steuerberater. Da sind 1 ½ Jahr für diese Erkenntnis doch recht lange, oder?"

„Da haben Sie völlig Recht. Nachher ist man immer schlauer. Ich war es einfach nicht gewohnt, Verlust zu machen. Beim ersten schlechten Ergebnis wurde ich schon panisch.

Ich konnte weder klar denken, noch angemessen auf irgendwas reagieren. Es gab nur noch eins: Gewinn machen. Arbeiten bis zum Umfallen. Wie in Trance."

Das kenne ich doch, das war doch die Nummer mit dem Adrenalin. Tunnelblick und Handlung.

„Wau, das ist aber ehrlich von ihnen."

„Klar, heute kann ich das anders sehen. Dank Dr. Späth. Er hat mir geholfen, den Überblick und meine Handlungsfähigkeit zurückzugewinnen. Naja, nicht immer. Manchmal renn ich immer noch wie ein Hase vor der Hundemeute durchs Leben, doch es gelingt mir immer öfter, das Ruder selbst in die Hand zu nehmen."

Selbstironie ist die höchste Form von Intelligenz und Herr Weidenreich ist einfach ein schlaues Kerlchen – wenn er mal gerade nicht flieht.

„Was kann ich noch berichten? Dr. Späth meinte, mit der Story könnten Sie was Anfangen."

„Das meine ich auch. Würden Sie sagen, dass Sie in dieser Zeit durch eine Krise gegangen sind?"

Das Schnaufen war unüberhörbar. Wie ein Flusspferd.

„EINE Krise? Es war DIE Krise. Hab mir schon die Frage gestellt: Die Einsamkeit der Berge oder 9 mm durch den Kopf?"

Seine Stimme wird leiser. Aber auch langsamer.

„Gott sei Dank waren es die Berge. Heute bin ich zwar noch nicht ganz aus der Krise, doch ich sehe das Ende."

„Gratuliere." „Danke. So, ich glaube das sollte Ihnen reichen."

„Ich hoffe auch, dass merk ich erst wenn ich das mal aufgeschrieben hab."

„Ok. Sollte Ihnen noch was fehlen, können Sie mich morgen früh zwischen Neun und Zehn nochmals erreichen."

„Ok"

„Ach ja, bitte erwähnen Sie meinen Namen nicht. Wäre, glaub ich, suboptimal für mein Geschäft."

Zum Glück sieht er mich jetzt nicht grinsen. Er klingt wie ein Folterknecht, der Angst hat, dass jemand rausfindet, dass er kein Blut sehen kann.

„Klar, aber darf ich Ihre Stimme benutzen? Sonst bringt mir das Interview nicht so viel."

Wenn es nach dieser Frage am anderen Ende so still wird, heißt das Nein.

„Kann man die vielleicht etwas verzerren?

Muss ja nicht klingen wie 'ne Mickey Maus, aber so, dass meine Kunden mich nicht erkennen."

„Das ist kein Problem. Versprochen."

„Dann von mir aus."

„Vielen Dank. Sie haben mir wirklich weiter geholfen."

„Ich würde gerne sagen, dass es mir ein Vergnügen war. Aber das wäre gelogen. Trotzdem noch viel Erfolg mit Ihrer Reportage."

„Danke, die kommt übrigens ..."

Und schon war er weg. Ich werde noch zum Hirsch. Reicht bei keinem mehr die Zeit für ein bisschen Anstand?

„Gabi, ein Espresso. Bitte" Das Bitte zum trotz aller unflätigen Menschen.

So, gleich alles aufschreiben, bevor ich die Hälfte wieder vergesse. Eine Krise ist wie Blinde Kuh, mit der Gefahr, zu spielen. Immer die Augen zuhalten, sollte das Risiko doch auf tauchen, kommt gleich Panik auf.

Ich blende kategorisch im Vorfeld aus, dass mein Vorhaben negativ endet. So kann Angst entstehen, wenn sich die kleinste Möglichkeit des Versagens zeigt. Sollte dieser Anstoß nicht direkt zur Krise oder zu Panik führen, reicht es, zu warten. Denn der Königsweg ist eingeschlagen und die Spirale dreht sich automatisch nach unten.

5. Die Realität

Das Gedränge beginnt. Hier wird noch nett ge-
rempelt. Nur auf der Fensterseite mit etwas
mehr Körpereinsatz. Die Fensterplätze sind heiß
begehrt. Und so füllt sich das Café, wie jeden
Mittag, mit einer Geschwindigkeit eines Amei-
senhaufens bei Regen.

Annett hat vor 20 Minuten ihre Schicht begon-
nen und gibt jetzt Vollgas. Was mir den Vorteil
verschafft, dass sie sich um andere kümmert.
Sonst hab ich langsam einen Espresso-Rausch.
Doch jetzt kann ich hier in Ruhe meinen Sitz-
platz behalten und die anderen beobachten und
brauch kein schlechtes Gewissen haben, wenn
meine Tasse mal leer bleibt.

Mal sehen was ich schon zusammenschreiben
kann. Vielleicht hab ich ja bald die Story zusammen ...

„Weiß Du, kaum ist unsere liebe Kollegin Ingrid
schwanger, da gibt es gar kein andres Thema
mehr."

Oh, da echauffiert sich aber eine.

„Als ob es nix anderes mehr auf dieser Welt gibt." Krächzt die Dicke am Nachbartisch wie ein Dudelsack.

„Neulich hat sie sich mit der Schnepfe aus der Buchhaltung getroffen. Weißt Du noch, vor einem halben Jahr haben wir hier gemeinsam eine ganze Mittagspause über sie gelästert und heute unterhalten sie sich als ob sie seit Jahren beste Freundinnen wären."

Was wollte ich nochmal aufschreiben? Da war doch noch was mit Risiko.

„Ich halt das für Charakterlos."

Manche Menschen haben ein Organ, dass alles andere Überdeckt. Besonders attraktiv sind die zwei Damen am Nebentisch nicht. Ich steh weder auf Bulldozer noch auf Vogelscheuchen, doch irgendwas lässt mich nicht von ihnen loskommen.

Die etwas Ältere der beiden nickt mit dem Kopf

„Das ist doch völlig normal."

„Nee, find ich gar nicht."

„Doch, kannst du dich an dieses Frühjahr erinnern? Da hast du dir eine Vespa gekauft. Ich hab schon gedacht, außer Vespa's gibt es gar nix mehr in deinem Leben. Dort fährt eine, die hat einen Helm dabei, bei dem Wetter wär es schön jetzt zu..."

Mein Gott was sind das für.... Das weiß doch jedes Kind: sobald ich mich mit etwas beschäftige und es in meinen Fokus rückt, richtet sich meine Wahrnehmung darauf aus. Doch was hat mich an denen so fasziniert, dass ich nicht weghören konnte? Klar, die junge Schnepfe klinkt wie meine verhasste Deutschlehrerin von früher. Gott sei Dank ist sie es nicht. Ich konzentriere mich krampfhaft auf meine Notizen.

„Du bist auch öfters hier, oder?"

Franz lässt sich mit diesen einladenden Worten auf den Stuhl links neben mir fallen.

Na gut, dann arbeite ich eben später.

„Hi Franz, eigentlich nicht, nur wenn ich einen Platz zum Nachdenken brauch."

„Ich komm hier zwei Mal pro Woche in der Mittagspause her. Und nach Feierabend, wie gestern." Brummelt er zu mir rüber.

Seine Augenschlitze suchen das Café ab, als würde er nach Beute Ausschau halten.

„Annett, komm bring ein Clubsandwich und 'ne Cola."

Immer noch drückt seine Mine Leid aus, und dieses muss mindesten so groß sein wie die Hungerkrise nach dem Krieg.

„Hast du gestern noch lange dem Gequatsche von Marcel zu gehört? Der kann einem richtig auf den Sack gehen mit seiner Begeisterung."

„Ein paar Minuten noch, ja. Und dann bin ich nach Hause."

„Das ist vielleicht ein Schönschwätzer. Aus welcher Esoterik-Kiste ist der denn gehüpft? Leidenschaft und Begeisterung, damit er erfolgreich wird. Da hat nur noch gefehlt das er mit dieser self fulfilling prophecy anfängt. Meine Frau wollte mich damit auch schon mal bekehren. Ich weiß aber, woran ich glaube."

„Ja, das ist zwar ein alter Schmarren. Doch das geht auf ganz alte Weisheiten zurück."

Vorsichtig mal schauen, wie tolerant Franz heute ist.

„Wie zum Beispiel in der Bibel. Ich hab das Ganze auch schon unter Markus 11,23 gefunden: - Amen, das sage ich euch: Wenn jemand zu diesem Berg sagt: Heb dich empor, und stürz dich ins Meer! Und wenn er in seinem Herzen nicht zweifelt, sondern glaubt, dass geschieht, was er sagt, dann wird es geschehen. Darum sage ich euch: Alles, worum ihr betet und bittet - glaubt nur, dass ihr es schon erhalten habt, dann wird es euch zuteil. (Mark 11,23-24 nach der Einheitsübersetzung) -

"Wau, du bist ja ein ganz ein Schlauer."

Mit einem kleinen Augenzwinkern.

„Tja, da hat sich meine Ministrantenzeit gelohnt."

Demonstrativ krempelt Franz seinen rechten Ärmel hoch.

„Ich halt das Ganze für Quatsch."

Oh oh, ich glaub jetzt wird's brenzlig.

„Aber ich kann da noch einen drauf setzten. Kennst du die Geschichte von dem Cherokee Indianer und den 2 Wölfen?"

Glück gehabt. Er will mir wohl nur sein Tattoo zeigen. Ein Indianer, der schon schlankere Tage gesehen hat.

Franz ist also ein kleiner Indianer. Der Bruder von Sitting Bull.

„Keine Ahnung, erzähl."

„Mal schauen ob ich sie zusammen bekomm: Eines Abends erzählte ein alter Cherokee Indianer seinem Enkelsohn am Lagerfeuer von einem Kampf, der in jedem Menschen tobt. Er sagte: „Mein Sohn, der Kampf wird von zwei Wölfen ausgefochten, die in jedem von uns wohnen.

Einer ist böse: Er ist der Zorn, der Neid, die Eifersucht, die Sorgen, der Schmerz, die Gier, die Arroganz, das Selbstmitleid, die Schuld, die Vorurteile, die Minderwertigkeitsgefühle, die Lügen, der falsche Stolz und das Ego.

Der andere ist gut: Er ist die Freude, der Friede, die Liebe, die Hoffnung, die Heiterkeit, die Demut, die Güte, das Wohlwollen, die Zuneigung, die Großzügigkeit, die Aufrichtigkeit, das Mitgefühl und der Glaube."

Der Enkel denkt einige Zeit über die Worte seines Großvaters nach, und fragte dann: „Welcher der beiden Wölfe gewinnt?" Der alte Cherokee antwortete: „Der, den du fütterst."

„Hört sich gut an."

Franz wirft seine Stirn in Falten und geht über mein Kompliment hinweg.

„Völliger Blödsinn."

Franz krempelt sein Ärmel wieder runter.

„All das soll dir nur den Dreck in die Schuhe zu schieben, den die anderen verursachen und der an dir dann hängen bleibt. Die tun doch so, als ob du dir mit ein paar lustigen Gedanken deine Welt schön zaubern kannst. Und wenn es dir nicht gut geht, bist du der Trottel, der einfach zu blöd war, was Vernünftiges zu denken."

Mit seinem Finger tippt er auf seinen Unterarm „... und das hätte ich mir lieber auch nicht stechen lassen sollen. War besoffen."

Annett, kommt hektisch angerannt und leert fast das ganze Clubsandwich nebst Cola über Franz´ Hose, doch im letzten Augenblick bekommt sie gerade noch die Kurve.

„Glück gehabt."

„Glück für dich mein Mädchen."

„Oh, ist der Herr wiedermal mürrisch?"

„Lass, mich." Murmelt Franz vor sich hin.

Mit einem herzhaften Biss reißt er ein Riesen Stück aus dem Sandwich.

„Ich würde dich auch gerne mal Lächeln sehen." zuckert Annett weiter.

„Dann zeig mir einfach deinen Rücken."

„Charmant wie immer. Natan, magst du was essen?"

„Jetzt noch nicht. Nachher gern das Tagesmenü. Die Farfalle mit Pfifferlingen und Brokkoli, dazu noch einen Soave."

Annnett zieht wieder von dannen.

„Vorhin hab ich den Nebentisch belauscht. Bei denen da drüben."

Mit meinen Kopf nicke ich in die Richtung der zwei Damen.

„Welch Prachtexemplare." Prusten mir ein paar Stückchen Sandwich entgegen.

„Ich meinte nicht ihre Schönheit, sondern was sie vorhin quatschten. Die haben auch so ein Thema gehabt, nämlich, dass wenn du schwanger bist, plötzlich alle anderen schwanger sind.

Die Blonde hatte eine neue Vespa gekauft und seit dem sieht sie überall Vespa's. Glaubst du, das hat gar nix mit der self fulfilling prophecy zu tun?"

„Eins kann ich dir sagen."

Franz wischt sich mit der Serviette die letzten Krümel aus dem Gesicht und legt das Besteck fein säuberlich übereinander. Gott sei Dank ist er jetzt fertig. Ich mag es nicht, wenn Menschen nicht schön essen. Franz schafft es nicht, beim Kauen den Mund zu zulassen und immer wieder hängt da irgendwas an der Backe. Echt lecker, wenn sich das Versteckte in einem Sandwich auf der Backe des Essenden zeigt. Das Dumme ist nur, sobald mir jemand gegenüber sitzt und für mich unschön ist, bin ich total abgelenkt. Das führt dazu, dass ich manchmal gar nicht zuhören kann. Das ist mir sogar mal bei einem Geschäftsessen mit einer wunderhübschen Frau passiert. Ich hab ihr nicht folgen können, was sie über unser Projekt erzählt hat und was sie für unsere Firma tun wollte. Als sie ging, hat dann mein Kollege sich über das einladende Dekolleté und den schönen Inhalt amüsiert. Selbst das hab ich nicht wahrgenommen.

„Hörst du mir überhaupt zu?"

„Sorry, ich war kurz in Gedanken."

Hecktisch wedelt Franz nach Annett.

„Zahlen bitte."

Dann wieder zu mir.

„Auch egal, ich muss gehen. Wieder Kunden fangen. Der tägliche Kampf."

Knausrig, wie sein Erscheinungsbild, gibt er Annett nicht mal Trinkgeld. Noch ein kräftiger Händedruck und Franz stürzt sich in die Schlacht.

So, jetzt kann ich mich wieder dem Thema Krise widmen, oder doch erst eine kleine Stärkung?

„Annett, jetzt kannst du mit dem Essen loslegen."

Was bringt mich in eine Krise? Klar: Nur eine Möglichkeit, etwas zu erreichen, der Weg versperrt, ein unverrückbarer Endtermin, so viel wie möglich zum „Muss" erklärt, das Risiko ausgeblendet. Ist das schon alles?

„Lass es Dir schmecken."

Annett hat ihr Lächeln zurück gewonnen, sie schmeißt mich Gott sei Dank nicht in den gleichen Topf mit Franz Charming.

„Kommst du voran? Um was geht's denn dieses Mal?"

Sie lächelt hinter den Rauchschwaden von Farfalle mit Pfifferlingen und Brokkoli hervor.

„Krise" kommt es aus meinem vollen Mund.

Schnell schlucke ich die Köstlichkeit runter und verbrenne mir dabei den Mund.

„Ja, einige Sachen hab ich mir schon notiert, doch da fehlt noch was, hab ich das Gefühl."

Zum Glück steht noch ein volles Wasserglas auf dem Tisch, das es hier immer zum Kaffee gibt.

„Ein Freund vom mir hat dieses Jahr auch schon kurzfristige eine Krise geschoben. Ist mit dem Gleitschirm in eine Felswand rein gerauscht und hat sich dabei sämtlichen Rippen gebrochen."

Annett streicht mit ihrer Linken über ihren Brustkorb nach unten.

„Da hatte er aber Glück gehabt."

„Er sagt, er ist selber schuld. Immerhin ist er Fluglehrer und sagt seinen Schülern immer: Dort wo ihr hinschaut, dort fliegt ihr hin. Und er hat anstatt auf die große freie Flugbahn auf die Felswand geschaut."

„Oh ja, das kenn ich vom Motorradfahren. Da heißt es auch: Schau in die Kurve rein und nicht in den Wald, denn du folgst deinem Blick. Hab's auch schon mal geschafft, im Wald zu landen. Die Schrammen kannst du heute noch sehen."

Eine Hand an der Gabel, wollte ich mir mit der anderen gerade mein Hemd öffnen.

„Lass mal deine Heldennarben stecken und iss brav dein Tellerchen auf. Sonst komm ich noch auf wilde Gedanken, wenn ich deine Hühnerbrust seh."

Und Schwubs ist sie wieder verschwunden.

Freches Mensch.

Pascal hat wieder lecker gekocht. Bissfest und trotzdem nicht zu hart. Das ist die Kunst des Nudelkochens.

Krise, folge dem Blick, Gedanken, Crash. Wie passt das zusammen? Der Teller ist leer und mein Bauch voll und mein Hirn voll leer.

Was hat das Denken mit dem zu tun, was um mich herum passiert?

Sein Hut ist noch mit etwas Schnee bedeckt und unter seinem Mantel blitzt der kleine weise Keil auf, der klar erkennen lässt, dass es sich um den Pfarrer handelt, den Markus mir geschickt hat.

Noch ist das Café voll mit Mittagsgästen. Mit festen Blick durchsucht er es. Soll ich mich jetzt verstecken, um der Predigt auszuweichen? Das spart Zeit und Geduld.

Zwei ältere Damen rücken schon ungeduldig auf ihren Stühlen hin und her, nach dem Motto:

"Hallo Herr Pfarrer, wir brauchen Seelsorge."

Das hat der Pfaffe auch schon bemerkt. Schnell schwenkt er zu mir herüber. Markus hat mich wohl gut beschrieben.

„ Sind sie Herr Voght? Pfarrer Lebherz."

Das Schwarz seiner Berufskleidung lässt das Blau in seinen Augen leuchten.

Ich stehe auf und drücke ihm die Hand.

„Schön, Sie zu sehen."

"Ist dieser Platz noch frei?"

„Klar."

Mantel und Hut wandern an den Haken hinter unserem Tisch.

"Was darf ich Ihnen bringen?"

Annett kommt noch mit einem halb vollen Tablett und räumt schnell mein Gedeck weg.

"Einen Schwarztee hätte ich gern."

"Du auch noch was?"

"Ja, einen Espresso, bitte."

Pfarrer Lebherz inspiziert den Tisch.

"Sie haben ein schönes Notizbuch. So eins hab ich auch schon gehabt. Ein Geschenk zum Abschied meiner alten Gemeinde."

"Ich hab es auch geschenkt bekommen."

Will er jetzt auf gut Freund machen?

„Ich hab da drei Jahre meines ganzen Lebens rein geschrieben. Und Sie?"

„Für mich ist das reines Arbeitsmaterial. Meine Recherchen kommen da rein."

„Ich hab gestern Ihren Chef getroffen und er bat mich, bei Ihnen vorbeizuschauen."

Ja – und mir eine Predigt zu halten. Was könnte ich ihm denn erzählen, warum ich gleich keine Zeit hätte. Eine Ausrede ist ja nur eine Notlüge, also keine richtige Lüge, und sie wendet etwas Schlimmes ab, nämlich eine Not.

„Er sagte, sie müssen eine Reportage über das Thema Krise machen."

„Stimmt. Und das in ein paar Tagen, was mich selbst schon fast in eine Krise bringt."

Leichter Seitenhieb. Vielleicht versteht er ihn ja.

„Ja, auch das hat er mir gesagt, drum bin ich gleich hergekommen."

Um meine Zeit zu stehlen. Ich hab schon immer Probleme mit Autoritätspersonen gehabt. Ich frage mich, ob es die schwarze Uniform ist, die mich stört, oder ist es der Mensch an sich?

„Ja, danke dafür."

„Schauen Sie, ich helfe Ihnen gerne. Viele Menschen erinnern sich erst in Krisenzeiten an die Kirche."

So, jetzt kommt sicherlich die Frage: Und wann waren sie zuletzt in der Kirche?

„Ich will die Menschen deshalb nicht verurteilen. Doch ich denke, dass viele ihre Krise regelrecht heraufbeschwören. Meist unbewusst. Mich stört das Leid, das sie dadurch erzeugen. Weil es unnötig ist."

Wenn die Verängstigten nicht mehr in der Kirche sind, wird es viel Platz bei den Predigten geben.

„Ein Mensch ist doch am hilfsbereitesten, wenn es ihm selbst gut geht." Fährt er fort.

„Wer hat, kann geben. Doch viele Menschen benutzen die Krise, um ihr Leben zu ändern. Sozusagen als Druckmittel. Um sich selbst die Verantwortung für ihr Leben in die Hand zu zwingen."

„So was habe ich auch schon festgestellt, dass viele Menschen ihr Leben erst geändert haben, als sie eine Krise hatten."

„Da es meist unbewusst ist, läuft das sehr schmerzlich und chaotisch ab. Wenn ich den Prozess aber kontrolliert durchlaufe, kann ich meinen Veränderungsprozess so starten, dass ich hinterher mein gewünschtes Leben führe."

Der Pfarrer erntet gerade einen abwertenden Blick von den beiden älteren Damen, die er verschmäht hat, und das war jetzt die Rückrunde. Ein Blick.

„Ich vermute, die Damen wollten, dass Sie sich zu ihnen setzen."

„Stimmt. Und ich vermute, dass das ein gewisser Herr Vogth auch wollte."

Er blickt mir über seine Tasse hinweg direkt in meine Augen. So, als ob er sagen wollte, stimmt's? Der Typ ist gar nicht so verkehrt.

Trotzdem steigt mir die Röte in den Kopf.

„Also wenn ich sie richtig verstehe, dann sagen Sie, dass vor der Veränderung immer die Krise kommt. Also der brennende Wunsch, die vorhandene Situation zu verlassen."

„Leider ja. Es muss so schlimm werden, dass ein Mensch seine Situation nicht mehr erträgt und sich somit verändern muss. Um zu Überleben."

„Das ist ein Ansatz, den ich nachvollziehen kann. Ich hab das als Überlebenslinie in meiner Reportage drin."

„Auf was sind sie denn bisher noch gestoßen?"

Ich überfliege meine Notizen und referiere in bester Radio-Reporter-Manier.

„Also, meine Theorie ist, dass wir immer etwas tun und erreichen wollen.

Ob Kleinigkeit oder Größeres, alles ist in Bewegung. Wenn ich also was erreichen will und es für mich nicht mehr möglich ist, dies zu schaffen, habe ich eine Krise.

Dazu hab ich festgestellt: Einige kennen nur einen Weg, um das gewünschte Ziel zu erreichen. Liegt da aber ein Hindernis auf dem Weg oder hat sich was verändert, entsteht schon der Gedanke des Versagens. Wenn ich dann noch den Prozess zur Zielerreichung für beendet erkläre, zum Beispiel mit einem definitiven Termin, erhöht sich der Druck und Stress entsteht. Je mehr die Menschen dann noch zum Muss machen, also so viel wie möglich als unabdingbar erklären, desto mehr verkrampfen sie. Wird dann noch das Risiko nicht bewusst eingegangen, reagieren Menschen bei einer Verschlechterung mit Ängsten und Zweifeln bis hin zur Panik. Egal wie intensiv die negativen Gefühle sind, das Vorhandensein beschränkt bereits das Nachdenken, Überlegen und die Fähigkeit zur kreativen Problemlösung.

Das habe ich bisher notiert."

Der Pfarrer blickt ins Leere und zupft an seinen Kotletten.

„Nicht schlecht. Sie waren fleißig."

Langsam taucht er aus seinen Überlegungen auf und dreht sich zu mir.

„Da fehlt aber noch was."

Bitte sag mir jetzt nicht, dass die rettende Religion bisher hintenüber fällt.

„Ich hab viele Menschen gesehen, die sehr leidensfähig sind. Sie beklagen sich über ihre Situation, ändern aber nichts. Das ist sozusagen mein täglich Brot."

Ok. Dein Experten-Status wäre schon mal geklärt. Wann kommt die Kurve zum Glauben und unserer unsterblichen Seele?

Vielleicht kann ich ihn ja noch bremsen.

Annett kommt mit fragendem Blick an den Tisch.

„Annett, bitte noch ein Glas Wasser und Sie, Herr Pfarrer?"

„Einen Cappuccino, bitte."

„Franz, ein Bekannter von mir, und ich, haben heute Morgen über das Thema self fulfilling prophecy und Indianer, die zwei Wölfe in uns sehen, gesprochen. Der eine Wolf gut und der andere böse. Und es liegt an dir, welchen du fütterst. Doch zum Schluss kam Franz auf die These, dass das Ganze nur Humbug ist und einem nur die Schuld an der Misere gibt.

So nach dem Motto: Du bist selbst Schuld wenn dir etwas Schlechtes widerfährt.

Es stammt ja aus deinen Gedanken und für die bist du selbst verantwortlich."

Nach einer kleinen Gedankenpause, lächelt mich der Pfarrer an, oder vielleicht aus?

„Markus 11, 23 haben wir sogar auch noch zitiert."

Keine Reaktion folgte auf meine Bibelbelesenheit, er rührt monoton mit dem Löffel in seinem Cappuccino.

„Da kann ich Ihnen weiter helfen. Der Glaube ..."

Ha! Ich hab´s gewusst!

„... oder nennen wir es erstmal anders. Unsere Gedanken sind maßgeblich für die Steuerung unseres Lebens zuständig. Zwar nicht direkt, aber sie steuern unsere Wahrnehmungskanäle. Neurobiologen sagen, wenn du dir etwas nicht vorstellen kannst, kein inneres Bild davon hast, kannst du es nicht wahrnehmen. Also liegt der Ursprung aus wissenschaftlicher Sicht in unseren Gedanken, da sie die Wahrnehmungskanäle steuern und so unsere Realität bilden."

Was war denn das jetzt? Neurobiologie? Das ist aber harter Tobak, Herr Pfarrer.

„So funktioniert die self fulfilling prophecy. Weil Sie daran denken, erfahren Sie in Ihrer Realität deren Abbildung.

Ganz banal: Sie sehen, hören, fühlen, riechen, schmecken in Ihrer Umgebung dass, was Sie vorher gedacht haben. Mit den Gedanken richten Sie einfach Ihr Radar darauf aus."

Als ob er meine Fragezeichen sieht.

„Ich hab Ihnen doch gesagt, ich habe mich damit beschäftig. Die Neurobiologie findet hier einige plausible Erklärungen."

„Ich hätte nur nicht gedacht, dass es so einfach ist."

„Jeder kennt das Beispiel, wenn sich jemand ein neues Auto kauft und auf einmal ganz viele Leute sieht, die auch so ein Auto fahren."

„Das heißt, ich muss mir einfach nur eine Krise vorstellen und schon kommt sie?"

„Im Prinzip, ja. Sie setzen sich in Gedanken eine Grenze. So geben sie sich selbst vor, dass sie das Gewünschte nicht erreichen."

Ok, das mit der Ausrichtung der Wahrnehmungskanäle leuchtet mir noch ein. Davon hatten es die zwei Schnepfen am Nachbartisch heute Morgen auch schon.

„Ist das nicht zu platt? Kein Mensch steht morgens auf und sagt aus heiterem Himmel: Nö, geht nicht."

„Dem geht natürlich etwas voran.

Zum Einen haben sie selbst schon rausgefunden, dass sie die Festlegung auf den einen Weg enorm unbeweglich macht."

„Moment, darf ich das kurz notieren."

„Zweitens, wie sie auch bereits festgestellt haben, ist das Leben ein fortlaufender Prozess. Wird er für beendet erklärt, geraten sie in Stress. Eine Krise keimt auf. Die Zukunft hängt jedoch nicht von der Vergangenheit ab, sondern von der bewussten Entscheidung in jedem Augenblick."

„Stopp, ich bin nicht so schnell."

„Das kennen Sie und ich erlebe es täglich. Dass Menschen so tief in etwas drin stecken oder ihnen irgendetwas widerfährt, und urplötzlich ändern sie ihr Leben. Wenn es keine Krise ist, dann auch gerne ein Herzinfarkt."

Wenn ein Herzinfarkt keine Krise ist, dann weiß ich auch nicht.

„Bis zu dem Zeitpunkt wurde alles für unbedingt notwendig oder unverrückbar erklärt und mit einem Herzschlag-Aussetzer ist alles anders. Haben Sie das?"

„Moment noch" hoffentlich hab ich jetzt nix vergessen.

„Damit nicht genug. Es geht noch um die Blickrichtung."

„Blickrichtung?"

„Das Hirn kennt zwei Dinge nicht."

„Und die wären?"

„Zeit und das Wort ‚nicht'."

„Ah."

Der Pfarrer schaut auf seine Uhr.

„Oh, die Zeit verfliegt."

Er winkt Annett herbei.

„Wären Sie so nett und lassen mich bezahlen?"

„Gerne, ich komm gleich."

Und schon hüpft sie davon.

Jetzt aber schnell, bevor er abhaut. Der Typ hat ja richtig was auf dem Kasten.

„Das Gehirn kennt also Zeit und ‚nicht' nicht."

„Denken Sie mal an Ihren Kontoauszug. Sind Sie im Minus, bekommen Sie ein mulmiges Gefühl im Magen. Sind Sie im Plus, lächeln Sie. Doch Sie sitzen hier. Es ist warm, trocken, Sie sind satt. Nix passiert, Ihre Physiognomie reagiert jedoch auf Ihre Gedanken. Ihr Gehirn kennt keine Trennung von Vergangenheit und Zukunft.

Vereinfacht gesagt: Erst Denken wir etwas und dann fühlen wir es. Gefühle sind Ausfluss unserer Gedanken.

Denken wir, das was auf uns zukommt als einen Gewinn für uns. Zum Beispiel die nette Dame dort drüben."

Aber Herr Pfarrer.

„Nur angenommen, Sie sind der Meinung, der Kontakt zu dieser Person könnte für Sie ein Gewinn sein, dann spricht man von Leidenschaft. Und denken Sie bei dem Hund dort, er könne Sie beißen, entsteht Angst. Doch egal was Sie denken, Ihr Körper reagiert darauf."

Das mit der Frau gefällt mir besser.

„Das zweite ist 'nicht'."

„Wie, nicht?"

„Sie können nicht an 'nicht' denken. Denken sie jetzt nicht an eine super saftige Zitrone."

„Klar, und schon läuft mir der Speichel im Mund."

„Klar. Man redet von „hin zu"- oder „von weg" - motiviert. Man kann nur in die Sonne sehen oder in seinen eigenen Schatten. Schauen Sie mal raus."

Annett kassiert ab.

„Danke Ihnen. Der Rest ist für Sie."

Und reicht Annett 5 Euro hin.

„Was kann ich damit anfangen?"

„Sie können nur nach hinten also 'von weg' oder nach vorne also 'hin zu' denken. Also an das Problem oder an die Lösung. Und darin liegt die Crux. Wenn Sie also von Ihren Problemen immer reden, kommen sie immer tiefer rein, denn das Hirn kennt ja das Wort 'nicht' nicht. Es beschäftigt sich immer mit ganzer Kraft mit dem Problem und Ihre Wahrnehmungskanäle richten sich danach. Natürlich bildet dies Ihre Realität ab und somit werden Sie Recht haben, dass Sie in einer misslichen Lage sind und diese verstärkt sich mit jeden Moment."

„Ok, ich glaub, jetzt hab ich es verstanden. Ist die Geschichte hier zu Ende?"

Er lächelt und seine Augen blitzen.

„Fast, denn das Besondere des Menschen: Er will immer Recht behalten mit dem, was er so denkt. Und das mit aller Vehemenz."

War das jetzt ein Seitenhieb zu meinen vorherigen Gedanken über den Herrn Pfarrer?

„Angenommen, Sie haben einen Termin für eine Besprechung und Sie gehen davon aus, dass Ihr Gesprächspartner ein Idiot ist. Ihre Gedanken feuern: Idiot, Idiot, Idiot. Und Ihre Wahrnehmungskanäle sind bemüht, den Gegenüber nach 'Idiot' abzusuchen. Am Ende des Termins kommen Sie zur Erkenntnis: Der Typ ist ein Idiot. Das ist verbunden mit schlechten Gefühlen.

Doch jetzt, ganz zum Schluss, passiert Folgendes: Sie bekommen einen Tropfen gute Gefühle, das nennt man eine Dopamin-Ausschüttung."

„Und wo soll das gute Gefühl herkommen?"

„Weil Sie Recht behalten haben. Und dies festigt Ihre Meinung."

Treffer, jetzt könnte ich mal anfangen zu denken, dass Herr Pfarrer Lebherz mir sinnvoll helfen wird.

„Zusammen gefasst: Über unsere Gedanken schaffen wir unsere Realitäten und Grenzen. Durch die Zwanghaftigkeit, Recht zu behalten, verschaffen wir uns Bestätigung."

Ich glaub, der hat mich schon die ganze Zeit durchschaut. Mist. Hab ich alles? Der Gedanke, wann er endlich seine Bergpredigt startet, hat mich abgelenkt.

„Kann ich Sie erreichen, wenn ich noch Fragen hab?"

„Natürlich. Sie können mich auch jederzeit besuchen. Ich wohne im St. Anne Pfarrhaus neben der Kirche."

„Das ist ja nett."

Interessant, ich hab noch nie eine Visitenkarte von einem Geistlichen bekommen.

„Noch eine Frage, bitte."

„Ja, 5 Minuten hab ich noch."

„Warum tun die Menschen das?"

„Da gibt es eine einfache Erklärung. Das Meiste geschieht unbewusst. Man sagt sogar, bis zu 95% und mehr. In unserem Unterbewusstsein schlummern sogenannte Sekundärgewinne, die einfach mit 95% größer sind als die Ziele, die wir uns in unserem Bewusstsein vornehmen. So entstehen zum Beispiel auch Krankheiten."

Ist er jetzt auch noch Mediziner?

„Kommt Ihnen das bekannt vor: Bis zum Urlaub wird gearbeitet. Unter Volldampf. Und in den ersten Urlaubstagen erwischt einen die Grippe."

„Das kenne ich nur zu genüge. Alles für die Firma tun und dann im verdienten Urlaub flach liegen."

„Deshalb bin ich gerne Pfarrer geworden."

Doch noch eine Bekehrung.

„Mein Beruf ist es sozusagen, mich den ganzen Tag mit dem Guten und dem Glauben daran zu beschäftigen. Da sind 24 Stunden schnell ausgeschöpft und kein Platz für das Andere. Denn Wünsche, vereint mit einem festen Glauben, können Berge versetzen."

So kann man das auch sehen. Und die Wahrnehmungskanäle richten sich danach. Gar nicht schlecht, der Trick.

Pfarrer Lebherz nimmt seinen Hut vom Haken und zieht den Mantel an. Jetzt ist alles wieder trocken.

„Es hat mich sehr gefreut, Sie zu treffen."

„Und mich erst, Herr Pfarrer. Ich hoffe, wir sehen uns bald wieder."

„Gerne, und Sonntag finden Sie mich auf jeden Fall in der Kirche."

Jetzt, hat er es doch getan. Kann ich ihm aber nicht verübeln.

Schnell das Ganze notieren. Das war jetzt eine Salve von Informationen. Doch eigentlich ganz simpel. Glaube oder Gedanken steuern die Augen, Ohren, etc. und das, was wir dann sehen und hören, nennen wir Realität. Klar, ich brauch nur Franz anschauen. Dem geht es in seinen Gedanken nur ums Kämpfen und die Anderen sind schuld.

Selbst gute Beispiel für ein besseres Leben denkt er sich schlecht, damit er seine miesepetrige Realität behalten kann. Mit solchen Gedanken kann nur ein solches Gesicht entstehen. Wenn ich also miesepetrig denke, fühle ich mich miesepetrig und nehme mein Leben als miesepetrig wahr. Und davon bin ich dann absolut überzeugt, denn ich will ja miesepetrig sein.

Will ich jedoch nicht mehr miesepetrig sein, hilft mir das nicht weiter, denn 'nicht' kennt mein Hirn nicht. Also bleib ich miesepetrig. Selbst mit Anstrengung und Gegenmaßnahmen komm ich vom 'nicht' nicht los. Was für ein Teufelskreis!

Schnell, ins Notizbuch damit.

Die Gedanken steuern die Wahrnehmungskanäle und bilden unsere Realität. Des Weiteren prägen sie unsere Gefühle. Wenn ich mich immer intensiver mit dem beschäftige, was ich nicht will - dem Problem nämlich -, dann wird sich die Situation verschärfen. Denn alles, was ich dann noch wahrnehme, ist das Problem und nicht die Lösungen. Das Tolle daran ist: je mehr ich mich mit dem Problem beschäftige, desto mehr verschlechtert sich meine Gefühlslage. Bis zu dem Punkt, an dem die Krise unausweichlich scheint. Noch schlechtere Gefühle steigen auf. So manövriere ich mich mit Angst und Adrenalin direkt in die Sackgasse. Die enorme Energie, die dieser Prozess benötigt, ziehe ich aus dem brennenden menschlichen Wunsch, Recht zu haben. Das ständige Wechselspiel von schlechten Gedanken und dem Beschäftigen mit ihnen und die Wahrnehmung verstärkt permanent die missliche Lage und die Krise wird größer, realer und bedrohlicher.

---

6. Klar wie Kloßbrühe

Den Gedanken mal Luft zu verschaffen, das tut gut. Eine Stunde bin ich nun durch die Stadt gelaufen, hab mir die Geschäfte, die Gebäude, die Menschen angeschaut. Meine Gedanken immer beim Thema Krise.

Es ist doch offensichtlicher, als ich es mir ausgemalt hatte. Wenn ich mir die Gesichter von den Menschen in den Läden, auf dem Markt oder in den Gassen anschaue, ist kaum ein Lächeln dabei. Das soll nun alles aus unseren Gedanken kommen? Je länger ich mich mit dem Thema Krise beschäftige, desto mehr fallen mir die Menschen auf. Wer lacht denn da? Ist das ein Phänomen der Deutschen?

In Lateinamerika sei da eine bessere Stimmung. Angeblich. Egal, ich sehe auf jeden Fall Menschen mit hängenden Mundwinkeln, blasser Haut und fahlem Blick.

Klar ist es einfach, in solch eine Stimmung zu kommen. Ich brauch nur an meinen letzten Kontoauszug zu denken. Da ist keine gute Stimmung drin, wenn es ums Geschenke kaufen geht.

Eine Krise hab ich deshalb sicher nicht gleich, nur eine suboptimale Stimmung, wenn es drum geht, mal was springen zu lassen. Meine Frau und ich haben wie jedes Jahr vereinbart, uns nix zu schenken. Wir haben doch schon alles, ist alljährlich unsere Ausrede zur der familiären Finanzsituation.

Ich komme am Café an.

Die Ersatztür quietscht bereits. Hoffentlich geht die Tür nicht auch noch kaputt, so wie die andre, dann kommt man ja gar nicht mehr rein. Noch den Schnee von den Schultern klopfen und dann schnell an meinen Tisch.

Mit dem Thema Krise bin ich noch nicht fertig, irgendwie fehlt da was. Mal schauen: Wenn Pfarrer Lebherz Recht hat, dann brauch ich nur mal mein Leben anschauen und prüfen, was ich nicht mehr will. Es soll ja eine alltägliche und lebensnahe Reportage sein. Also: Welche Dinge, Umstände, Gegebenheiten, in denen ich mich noch befinde, will ich nicht mehr haben? Was könnte das alles sein?

„Was darf ich Ihnen bringen?"

Das ist nicht Annett – hat er wieder eine neue eingestellt? Jetzt ist schon Abend, da hat Annett sicher Schichtwechsel gehabt. Also eine Neue, die kenne ich nicht.

Er hätte auch ´ne hübsche auswählen können, die muss wohl noch ein paar Tage bedienen und vor allen Dingen laufen, damit sie von ihren Schwimmringen weg kommt. Das quillt mir zu arg unter dem T-Shirt hervor. Wir sind hier nicht bei der Seerettung, sondern auf dem flachen Land.

„Zu trinken?"

„Wein, ¼ von dem Merlot, bitte"

Ob sie es wohl gemerkt hat, dass ich so auf ihren Schwimmring gestarrt hab? Das ist sicherlich etwas, dass ich hasse, und zwar nicht nur meinen, der ist ja klein.

Aber der bei meiner Frau ... Das gehört auf jeden Fall nicht da hin. Wenn ich was ändern könnte, dann zuerst ein kleines Feintuning bei meiner Frau. Ja, zwei Kinder, Geburt und blabla-bla. Das hat nix damit zu tun, dass sie sich permanent die Dickmacher reinstopft. Ihr Lebensgenuss ist nicht gutes Essen, sondern Essen. Alles reinstopfen, was rumliegt. Ohne irgendwelchen geschmacklichen oder ästhetischen Eindruck. Gekaut ist Geschmack genug, oder wie mein Kollege immer so schön sagt: Kein Dicker, der nicht frisst.

Sind wir mit dem Essen fertig, kommt gleich die Frage: „Und was machen wir morgen zum Essen?" Als ob es nichts Wichtigeres gibt.

Mein Opa Karl sagt, Essen sei der Sex und die Zuneigung im Alter. Das Letzte und Einzige, was man sich selber an Befriedigung seiner Gelüste im Alter noch gönnt. Nach dem ist meine Frau auch schon in dieser Phase.

„Bitte schön."

Die Schwimmringbedienung stellt das Glas mit einem eher abfälligen Blick auf meinen Tisch, so nach dem Motto: Auch du bist nicht perfekt. Doch was ist schon perfekt?

Das Leben, das ich gerade führe, ist auch nicht perfekt. Immer die Geldsorgen, der Kampf um jeden Auftrag. Zuhause das Abbild einer Frau, das auch nicht perfekt ist. Der Knatsch, wenn ich mich wieder einmal von morgens bis abends um eine Story kümmere. Dann kommt gleich der Spruch: Du liebst mich nicht mehr oder hast du eine Andere? Langsam nervt mich das Ganze, den Spagat zwischen Kohle ranschaffen und den Beziehungsspielen meiner Frau.

Im Café rumsitzen und sich Gedanken machen über eine Story die ich nur mache, weil ich das Geld brauche und ich sie als zweite Wahl gnädigerweise abbekommen habe. Perfekte Karriere ist das auch nicht. Müssen wir denn immer durch die Scheiße, damit wir erfolgreich sind oder ist das unser Leben?

„Hirnst du immer noch hier rum?"

Marcel kommt lächelnd an meinen Tisch. Er trägt sein Bierglas, als wäre es eine Trophäe. Der hatte wohl einen guten Tag. So wie der strahlt, gibt es bei ihm im Leben nix, das er ändern will.

„Du siehst etwas müde aus."

„Was machst du hier, ich denke Du kommst nicht so häufig hier her?"

„Hab gestern noch einen alten Freund hier besucht. Der hat mir einen tollen Kontakt gegeben, somit bin ich geblieben und hab ich mir vorhin gleich den Auftrag geholt. Und wenn ich schon mal da bin, hab ich mir gedacht, ich feiere den Erfolg ausnahmsweise mit einem perfekten Bier – und wenn ich dich noch treffe, klasse."

Marcel platzierte das Glas direkt in der Mitte des Tisches. Wie mit einem Lineal eingeschenkt. Das Bier leicht über dem Eichstrich, der Rest mit Schaum aufgefüllt, das dann in eine kleine Haube über dem Rand zur Vollendung herausragt. Dass das Bier kühl genug ist, sieht man an dem schönen, angelaufenen Glas.

„Ein perfektes Bier, sieht das schön aus. Richtige Füllmenge, der optimale Anteil an Schaum und das leicht angelaufene Glas, das eine Abkühlung verspricht. Das Richtige für den Feierabend." Das hab ich doch auch gerade schon gesehen.

Doch dieser Anblick macht Marcel nicht nur zufrieden, sondern er sieht richtig glücklich aus. Wegen einem Bier?

„Na, Natan, bist du weitergekommen?"

So erfolgreich wie der aussieht, bin ich sicher nicht. Ich hab doch jetzt schon den zweiten Platz im Rennen gemacht. Bin ich ein Verlierer, oder nur einer, dem es nicht ganz so blendend geht, wie seinem Gegenüber?

„Ja, bin ich."

„Du siehst nicht so glücklich darüber aus, eher so als ob dich die Krise selbst in die Krise führt."

„Ach quatsch. Heute hab ich zwei neue Punkte hinzugefügt. Es geht voran."

„Dann lass mal hören."

Interessiert beugt Marcel sich vor und stößt fast sein Bier um.

„Huch, fast perfekt auf die Hose. "

„Tja, aber nur fast." Marcel grinst und streicht mit seinem Finger den übergelaufenen Schaum ab, und leckt ihn wie ein Eis am Stiel bei 40 Grad mit Genuss von seinem Finger.

„Kannst du dich noch an gestern erinnern? Du hast da sowas von Adrenalin und Überlebenslinie erzählt. Nur um das zwingend Notwendigste kämpfen."

„Klar, das ist ja zu einem meiner Lebensmottos geworden."

„Ich hab noch einen Faktor gefunden: das Risiko."

„In welchem Kontext?"

„Es ist sehr einfach. Dein Weg ist es, so wenig wie möglich zu kämpfen und im Dopamin zu sein, denn wenn man im Adrenalin ist, geht es nur um den Überlebenskampf und dabei kann man nicht denken, kreativ sein oder entscheiden, sondern ist einfach in einer Handlung mit einem fokussierten Blick."

„Stimmt."

„Ich hab rausgefunden, wie man noch ganz schnell in den Adrenalin-Zustand gerät. Durch Risiko."

„Und wie geht das?"

Marcel nimmt einen kräftigen Schluck von seinem perfekten Bier.

„Wenn ich mir des Risikos nicht bewusst bin oder es nicht von vornherein akzeptiere, dann verunsichert mich jede kleine Abweichung. Das Adrenalin tröpfelt, bis ich in Panik gerate. Ich hab das am Besten mit den Panikverkäufen an der Börse definiert."

„Das passt. Hab ich auch schon oft festgestellt. Das sieht man sogar beim Grillen.

Wenn ein Wolke aufzieht, gib es schon einige, die gleich zusammenpacken, obwohl es nicht regnet." „Das Zweite hab ich dann mit unserem Herrn Pfarrer besprochen."

„Wirst du nun fromm?"

Franz kommt rein und stapft gleich an die Theke. Seine Mimik berichtet von einem suboptimalen Tag und als er Marcel sieht, ist er wohl noch trüber geworden.

„Schau mal, dort ist Franz." Sage ich.

„Oh ja, unser Kämpfer von gestern." Marcel prostet ihm zu. Auch dass noch, steht auf Franz´ Stirn.

„Der spielt bei meiner zweiten Erkenntnis eine wichtige Rolle. Ich hab rausgefunden warum der so guckt. Es geht um unsere Gedanken."

„Hat dich der Pfarrer also doch bekehrt." Lachte Marcel.

„In einer gewissen Form schon, doch nicht so wie du meinst."

„Sondern?"

„Also über unsere Gedanken steuern wir zum einen unsere Wahrnehmungskanäle. Alles was wir hören, riechen, schmecken, sehen und fühlen. Das Ergebnis nennen wir dann Realität.

Wir richten uns nach dem Inhalt unserer Gedanken aus und vergleichen die Welt mit genau diesen Inhalten. Folglich sehen wir auch nur das, was den Inhalten unserer Gedanken ähnelt."

Franz legt sich gleich beim ersten Kontakt mit der neue Bedienung an. Er ist einfach ein Charmebolzen hoch Zehn.

„Und als zweites die Gefühle. Sie sind Ausfluss unserer Gedanken. Also unser Freund Franz will immer kämpfen und alles ist schwer. Das nimmt er dann auch wahr und es bestimmt seinen Tag. Dass dies keine guten Gefühle macht, ist auch klar, wie man sieht."

„Ja, Franz steht das Ganze ins Gesicht geschrieben."

„Wichtig ist dabei noch die Tatsache, dass das Hirn weder Zeit noch ‚nicht' kennt."

„Das musst du mir erklären."

„Die physiognomische Reaktion folgt, egal ob ich an was denke, was schon passiert ist oder was noch passieren wird. Beim ‚nicht' ist es noch einfacher: Wenn ich etwas nicht will, beschäftigt sich mein Gehirn eben genau mit dieser Situation oder Sache, die ich nicht will. Da es sich so sehr darauf konzentriert, nehme ich nur das wahr und bekomme es trotzdem."

„Mein perfektes Bier." Marcel nimmt noch einen Schluck, bald ist das so wohl Gepriesene leer.

„Schau, ich hab dir da auch noch was, mein Bier."

Will er mir jetzt den Rest schenken? Hoffentlich nicht, lieber ein Neues.

„Ich hab mir auch noch ein paar Gedanken gemacht und dabei ist mir etwas eingefallen."

„Willst Du jetzt auch eine Krise?"

„Gott bewahre, das perfekte Bier."

So perfekt ist das doch gar nicht. Ich trink doch eh lieber Wein.

„Das ist doch schon leer, was ist daran noch perfekt?"

„Siehst du Natan, das ist es eben. Wie viele wollen einen perfekten Abend oder eine perfekte Partnerschaft?"

„Das ist doch normal oder?"

„Klar, doch was heißt das?"

„Du bist lustig, halt perfekt."

„Ok, dann nochmal. Lass und doch einen schönen Abend verbringen."

„Das tun wir doch schon."

„Nee, bleib doch mal bei der Aussage."

„Ok, schöner Abend. Und jetzt?"

„Also machen wir das mal einfacher für dich. Die Schwarzhaarige mit dem engen Top, die uns vor ein paar Minuten passiert hat. Die gefiel dir doch, oder?"

„Ist das ein Wunder bei der Figur? Du kennst meine momentane Hausmannskost nicht."

„Uff, das ist auch eine Aussage, aber bleiben wir mal bei der Schönen dort."

„Ich hab ja schon gemerkt, was passiert, wenn man sich mit dem beschäftigt, was man nicht will. Es gibt zumindest schlechte Gefühle."

„Lass mal, so schlimm wird deine Frau dann doch nicht sein, denn du bist ja noch mit ihr zusammen."

„Stimmt, aber ich hab mir vorher Gedanken gemacht, was ich gern nicht mehr haben möchte und da ist mir gleich der Schwimmring meiner Frau und ihr Essverhalten eingefallen."

„Deshalb hast du so gekuckt."

„Ja, und zum anderen habe ich das mit den Gedanken und Realität beim Spaziergang vorher ausprobiert. Ich hab mir gesagt, heute sehe ich viele Menschen, die eine Krise haben. Und siehe da, die Stadt war überflutet davon. Das zieht mich ganz schön runter, wenn man nur solche Gesichter sieht."

„Ok, dann mal zu den schönen Dingen im Leben. Schau sie dir da drüben nochmal an."

Das geht schnell, meine Augen sind da fix.

„Du sollst sie nicht gleich auffressen. Stell dir einfach mal vor, die würde zu dir sagen: Lass uns einen schöne Abend verbringen."

Kopfkino läuft.

„Ok."

„Und jetzt stell dir vor, unser lieber Franz würde dich das Gleiche fragen."

„Ui, darf ich wählen?"

„Nein."

Das kam wie aus der Pistole geschossen.

„Willst du mir jetzt meine schönen Gedanken zerstören?"

„Ja, denn das ist die Tochter meines Freundes."

„Spielverderber."

„Reingelegt. Du hast das Spiel noch nicht verstanden. Franziska, bitte nochmal so ein perfektes Bier."

Das perfekte Bier schon wieder.

„Also, du hast es sicher schon gemerkt. Wenn die schöne Schwarzhaarige dir einen schönen Abend vorschlägt, hast du ein anderes Bild davon im Kopf, als wenn es der grimmige Franz tut. Dir fehlt Klarheit darüber, was mit dem Satz gemeint ist. Das ist der Schlüssel.

Wie häufig reden wir von Erfolg, Gesundheit, Liebe, Schönen und so weiter und haben dabei ein unterschiedliches Bild davon im Kopf. Es fehlt die Klarheit. Wenn etwas nicht konkret ist, wie kann man es dann erreichen."

„Lass mich mal nachdenken."

Das perfekte Bier kommt gerade. Franziska stellt es vor Marcel und gibt mir klar zu verstehen, dass sie immer noch meine Blicke auf ihren Hüften spürt.

Leonhard klopft mir von hinten auf die Schulter. Sein Grinsen im Gesicht ist einfach eine Spur zu breit.

„Guten Abend, Herr Reporter. Leonhard."

Er streckt Marcel die Hand hin.

„Marcel."

„Hast du gerade ein Problem und wirst von unserem Krisenreporter interviewt?"

„Nee, danke, ich hab meine Krise schon hinter mir. Und du?"

„Alles gut. Hallo, ein Bier bitte."

Leonhard ist gleich im Mittelpunkt – so wie immer halt. Kaum da, schon Erster. Jetzt hab ich zwei so Strahlemänner an meinem Tisch und gleich krieg ich die Krise.

„Ich hab mich gestern Abend mit Natan über das Thema unterhalten und jetzt ist mir noch eingefallen, wie viel Missverständnisse es doch gibt in unserer Sprache."

„Manch Missverständnis löst da schon mal eine Krise aus. Mein Missverständnis war meine Exfrau. Wir hatten da eine unterschiedliche Auffassung von Partnerschaft und Liebe. Das geht auf die Dauer einfach nicht gut. Ich lass euch lieber mal alleine, hab dahinten einen Kunden gesichtet, den will ich begrüßen."

Leonhard steht auf und stürmt los.

„Kein Anstand." Krächzte die Stimme hinter mir.

Ich dreh mich um. Der schöne rote Pulli liegt auf dem Boden. Das Gedränge ist groß und die Feierabendverkehr im Café dicht. Leonhard ist ein Hansdampf in allen Gassen. Doch Anstand hat er am meisten von uns allen. Wahrscheinlich ist ihm gar nicht aufgefallen, dass er den Pulli der netten Damen am Nachbartisch beim Davonlaufen runtergezogen hat.

„Schau, Natan, da ist es wieder."

„Was meinst Du?"

Die zweite Dame mischt sich sofort mit ein.

„Das ist wieder typisch. Anstand kennen solche Sonnyboys nicht."

Eine rege Diskussion über Anstand beginnt am Nachbartisch.

„Lustig, die Reden über Anstand und wer ihn wie nicht einhält. Was aber Anstand ihrer Meinung ist, sagen sie nicht."

Es macht Spaß, den beiden zuzuhören. Die lassen sich tatsächlich über ihre Mitmenschen aus mit der Begründung, was diese alles falsch machen.

„Wie soll man den Anstand denn erreichen, wenn man nicht weiß, was das genau ist?" Marcel nimmt den ersten Schluck seines zweiten perfekten Biers und fährt fort.

„Ich hab mir seit gestern ein paar Gedanken über Krisen gemacht und festgestellt, dass ich nicht erreichen kann, was ich will, wenn ich nicht genau weiß, was es ist. Je mehr Krisen ich angeschaut habe, desto deutlicher wurde mir, dass die klare Definition des gewünschten Zustandes oft fehlte. Und das macht eine Zielerreichung schon unmöglich."

„Und: Ziel nicht erreicht gleich Krise."

„Stimmt."

„Natan, so einfach: Sobald Worte wie Liebe, Erfolg oder Gesundheit im Spiel sind, sind wir gleich dabei. Hurra, klar, will ich auch, das ist positiv und erstrebenswert.

Bei genauerer Betrachtung stellt sich jedoch die Frage, woran du festmachst, dass du erfolgreich bist, geliebt wirst oder gesund bist.

Ein Unternehmer hat mir mal erklärt, dass für ihn Erfolg ist, wenn er mit seiner Mannschaft kurz vor Weihnachten für vier Tage zum Skifahren geht. Mit eigenen Jacken mit Firmenlogo und so weiter. Das ganze Programm. In dieser Zeit feiern sie gemeinsam das tolle Jahr."

„Das klingt gut."

„Ja, so einen Chef wünscht man sich. Seiner Meinung nach besteht Erfolg nicht aus Zahlen. Da stecken keine Gefühle drin. Zahlen sind Koordinaten, Erfolg ist ein Gefühl. Somit bedarf es mehr als nur Umsatz- und Gewinnzahlen um eine Mannschaft zum Erfolg zu führen."

„Das ist eine schöne Vorstellung, jetzt vier Tage Skifahren."

„Nicht träumen. Also, wenn die Zieldefinition mit sehr globalen Worten ausgeschmückt ist, dann wird's nichts."

„Kein Wunder, dass Politiker ihre Wahlversprechen nicht halten können. Die wissen ja nicht mal, was sie genau versprochen haben."

„Meine Assistentin hat mal zwei Azubis unterstellt bekommen und hat mir nach zwei Wochen eine Führungsweisheit erklärt.

Sie sagte: Immer, wenn ich wischi-waschi aufgebe, bekomme ich wischi-waschi zurück."

Schnell den Kommentar ins Notizbuch schreiben.

„Das tolle am Unkonkreten ist, jeder kann mitmachen."

„Was meinst Du damit?"

„Naja, ich hab mal an einer Diskussion teilgenommen. Dabei ging es um Nachhaltigkeit. Tolles Wort."

„Klar"

„Dann wurde auf Teufel komm raus diskutiert und debattiert, wie dies zu erreichen sei. Jeder hatte was mitzuteilen und nix kam dabei raus. Mit dem Ergebnis, dass es kein Ergebnis gab, da eine übereinstimmende Definition von Nachhaltigkeit fehlte, von Anfang an fehlte. Somit konnte jeder mitreden aber außer Gerede wurde nix draus und keiner hat somit ein Lösung zur Erreichung der Nachhaltigkeit gefunden."

Marcel nimmt einen großen Schluck von seinem Bier. Sein Gesichtsausdruck wird noch zufriedener.

„Das meinte ich mit einem perfekten Bier. Jeder weiß was gemeint ist, doch wie es tatsächlich für jeden einzelnen sein soll, ist damit nicht gesagt. Im Kontext zu einer Krise ist es also ganz einfach:

Setz dir Ziele mit vielen dieser Wörter drin und du wirst kein einziges erreichen. Das Scheitern ist vorprogrammiert."

„Interessant waren vorher auch unsere Nachbarinnen, als Leonhard den roten Pulli zu Boden beförderte. Die zwei Damen waren sich doch gleich einig. Oder?"

„Ja, Leonhard ist gleich zum Unhold des Jahres abgestempelt worden."

„Gemeinsam sind wir stark, wir wollen einfach immer Recht behalten. Je größer die Verallgemeinerung ist, desto mehr Zustimmung bekomme ich. Eine Wahrheit entsteht immer durch Übereinstimmung von anderen. Je mehr Übereinstimmung, desto größer die Wahrheit. Und das bringt uns wieder zur Politik."

„Stimmt. Das was ein Politiker in seine Reden verpackt, hat meist keinerlei konkreten Inhalt, somit erzeugt er die höchstmögliche Zustimmung."

„Na, ihr Krisen-Fetischisten."

Leonhard ist zurück.

„Ich glaub mir reicht es jetzt mit der Krise. Ich geh mal zu der hübschen Schwarzhaarigen rüber." Marcel grinst, steht auf und geht mit seinem perfekten Bier in der Hand in Richtung Bar.

„Wo hast du denn den aufgegabelt?"

„Marcel? Den hab ich gestern per Zufall an der Bar kennengelernt."

„Sieht so aus, als ob er auf Frauenschau ist."

„Nee, das ist die Tochter seines Freundes."

Leonhard mustert nochmals die junge Frau, sie entspricht wohl auch seiner Vorstellung von Schönheit.

„Sag mal, wie geht's dir wirklich?"

„Wieso?"

„Muss ich mir Sorgen machen?"

„Wieso, willst Du dir Sorgen machen?"

„Du siehst in letzter Zeit nicht gerade so aus, als ob du glücklich bist."

„Deshalb mach ich das ja auch. Ich bin so zwischen Normalität und Langeweile."

„Und was meint deine Steffi dazu?"

„Keine Ahnung. Ich glaub die ist mit ihrem Leben ganz zufrieden."

„Ist doch klasse. Du erinnerst dich doch an das Theater mit meiner Ex Marianne. Die konnte nie mit was zufrieden sein. Dabei hatten wir doch alles. Wir konnten uns leisten, was wir wollten. Doch sie konnte nie zufrieden sein. Wir hatten ein perfektes Leben und unsere Ehe war das, was man sich darunter vorstellt. Dachte ich mir."

„Deshalb seid ihr ja auch nicht mehr zusammen. Zu perfekt."

„Eh, was soll das? Die Ironie kannst du dir sparen. Nur weil ihr schon seit Jahren zusammen seid, heißt das noch lange nicht, dass ihr eine bessere Beziehung führt."

Hu, da hab ich wohl in irgendwas rein gestochen. Seine Marianne hat ihn damals ganz schön vorgeführt. Es hörte sich wie ein klassisches Beziehungsdrama an. Mann kommt von Geschäftsreise etwas früher zurück und Frau liegt mit seinem Freund in der Kiste und genießt, was auch immer. Da Leonhard sonst immer der Held war, hat ihn das ganz schön vom Sockel geholt. Doch Leonhard wäre nicht Leonhard wenn er seine Stehauf-Mentalität nicht leben würde. Drei Monate hat er sich voll in seinem Schicksal gesuhlt. Exzesse bis zum Abwinken. Alkohol, Frauen und ich glaub die ein oder andre Tüte war auch dabei. Und dann war das Thema durch. Komisch, dass er da heute so reagiert. Oder vielleicht auch nicht.

„Perfekte Beziehung, das kannst du dir einfach abschminken. Ich hab so viele Frauen kennengelernt, jede wollte eine perfekte Beziehung und nix ist draus geworden, bis zum Höhepunkt sogar mit Marianne, die mich mit einem totalen Loser verarscht hatte."

Naja, so ein richtiger Loser war unser Freund ja nicht, hat halt nur zum Mittelklassewagen gereicht.

„Ich denke, du bist mit Sandra glücklich? Ihr hab doch ein gutes Leben."

„Mit Sandra ist es ganz ok. Doch auch nicht immer das Gelbe vom Ei."

„Ihr habt doch jeder einen klasse Job. Du hast ein dickes Auto, habt hier euer super Haus und jetzt noch in Gargano das Ferienhäuschen mit Riva-Boot. Ihr seid unabhängig, keine schreienden oder um Geld bettelnden Kinder. Ihr habt doch Freiheit und Vergnügen pur. Was brauchst du denn noch?"

„Was hat das alles mit einer perfekten Beziehung zu tun? Oder mit einem tollen Leben?"

„So schlecht habt ihr es doch gar nicht. Guck mich an. Wir können uns das Haus und den Sommerurlaub gerade mal leisten. Mein Chef macht mir das Leben zur Hölle und Steffi und ich leben nebeneinander her. Etwas Besonderes haben wir schon lange nicht mehr miteinander erlebt. Alltag ist das Einzige, was verbindet und für uns drin ist."

Sehnsüchtig such ich die schwarzhaarige Schöne, mit der wäre es sicherlich anders gelaufen.

„Ich hab heute mal überlegt was ich ändern würde wenn ich könnte.

Und Schwups, da kam mir sofort der Schwimmring meiner Holden in den Sinn. Seit wir die Kinder haben, leben wir den Klassiker. Und nicht mehr. Erst Kinder, dann Job, um Geld ranzuschaffen. Meine Frau organisiert den Haushalt und sollte noch Geld übrig sein, dann genieße ich am Sonntag ein Bier zu Hause beim Grillen. So eine heiße Frau wie du hast, hab ich nicht. Eine mit Pfeffer im Arsch."

Hab sie gefunden, die Schwarzhaarige sitzt jetzt schräg gegenüber von uns an einem runden Tisch mit ihrem Freund. Mann, hat der Glück.

„Schon mit der ersten Schwangerschaft wurde sie zur Glucke und das einzige, was bei uns noch scharf ist, ist das Chili am Steak. Familienleben pur."

„So ein Quatsch. Du hast es doch gut mit deiner Familie. Ihr seid zusammen, du brauchst dir keine Gedanken machen, wer jetzt gerade mal wieder deine Frau anbaggert."

Eifersucht. Und das bei Leonhard, der sonst mit jeder Frau flirtet.

„Es ist anstrengend, immer allem hinterherzurennen. Du setzt dich sonntags in deinen Garten, schmeißt deinen Grill an, spielst noch mit den Kids und hast alles."

Leonhard ist wohl meinen Blicken gefolgt.

„Ach, glaubst du das es mit der anders wäre? Das führt zu nix. Die Naivität, von einer perfekten Beziehung zu träumen, ist einfach Schwachsinn. Da kannst du grübeln, wie du magst. Ich glaub, je länger du hinterfragst, desto mehr findest du deine eigene Beziehung scheiße. Ich kann dir nur einen guten Tipp geben: Lass es, sei zufrieden mit dem, was du hast und hör auf nachzubohren."

Leonhard nimmt einen kräftigen Schluck und leert sein Bier.

„Ich glaub die Reportage steigt dir in den Kopf. Verlier dich nicht darin. Pass auf ‚wohin dich das führt! Willst du nach Hause gehen und feststellen, dass neben dir im Bett was schläft, was du nicht willst? Niemand ist perfekt. Mit dem Quatsch, den du dir zusammen spinnst, kannst du dir dein Leben schlecht reden. Unsere Frauen haben schon recht. Irgendwas stimmt mit dir nicht."

Wow, da kommen aber mal neue Töne von unserem Sonnyboy. Jetzt kenn ich ihn schon so viele Jahre und hab ihn noch nie so erlebt.

„Darf man nicht mal mehr nachdenken. Ich hab ja auch nicht deine Beziehung analysiert."

„Ach, so ein Schwachsinn. Man kann alles schlecht reden." Leonhard knallt ein paar Münzen auf den Tisch und steht auf.

„Weißt du, ich glaub, ich komm wieder, wenn du wieder normal bist. Ich hab keine Lust, mir mit deiner Krise die Laune zu verderben. Geb Franziska das Geld. Wir sehen uns."

Das hat gesessen. So ein scheiß Gefühl im Magen. Hab mich mit Leonhard noch nie so gezofft. Was mischt er sich jetzt bei mir so ein? Sieht so aus, als ob ihn Steffi wirklich zum Spionieren geschickt hat. Ich fühl mich richtig hintergangen, nicht von Steffi, sondern von Leonhard. Scheinheiligkeit – ist mein ‚bester Freund' auch ein Definitionsfehler?

Perfekte Beziehung, perfektes Bier, normal sein. Keine Definition, ist somit unerreichbar und zum Scheitern verurteilt. Die letzten Notizen für heute. Jetzt will ich auch nicht mehr nachdenken. Das mit Leonhard ärgert mich zu stark.

„Zahlen bitte."

Ist meine Orientierung nur noch mit Verallgemeinerungen bestückt, so schaffe ich es, dass nix Greifbares mehr existiert. Das bedeutet, dass es unlösbar wird. Auch erreiche ich durch Verallgemeinerungen, die Problematik wachsen zu lassen, so nach dem Motto: Alles passt rein und alles ist doof. Das Schöne daran ist, jeder andere kann sich daran beteiligen. Und er hilft durch seine Ratschläge, eigene Schicksalsreporte und andere Argumentationen, die

Wahrheit, dass es eine Krise ist, zu bestätigen. Das treibt die Krise voran, macht sie bedrohlicher und wahr.

7. Der Beweis

Den Geschmack von gestern hab ich immer noch im Mund. Heute Morgen hab ich mir Zeit gelassen, her zu kommen. Als meine Frau zur Arbeit ging, bin ich noch liegen geblieben. Ich hab schlecht geschlafen, und nachdem mir gestern die Schwimmringe meiner Frau schon in Café in den Sinn kamen, wollte ich sie heute früh nicht schon wieder sehen.

Die Diskussion über die Sinnhaftigkeit, im Café zu arbeiten, wollte ich gestern nicht mehr eingehen. Hab mich vielleicht auch nicht getraut. Die Stimmung mit Leo hat mir gereicht. Eigentlich reicht es mir schon, wenn ich dran denke, dass sie mir Leonhard als Spion auf den Hals gehetzt hat. Dass er so doof reagiert, hätte ich auch nicht gedacht. Ich hab immer gedacht, er ist ein Freidenker, doch er ist lieber ein Nix-Denker. Ein dumpfes Gefühl dreht meinen Magen um, wenn ich an die Diskussion von gestern Abend denke.

Perfekte Beziehung, lieber nicht drüber nachdenken, alles schön reden und nicht dahinter schauen. Mehr Schein, statt Sein. Das hätte er wohl gern.

Im Cafe sitzen schon die ersten Gäste.

„Dafür, dass du jetzt erst kommst, siehst du ziemlich müde aus."

Annett kommt heute Morgen schon mit einem Lächeln auf mich zu.

„Ist was passiert?"

Sie grinst immer noch. Glücklich sein ist ja schon manchmal viel, aber überglücklich ertrage ich heute nicht.

„Warum?" fragt sie zuckersüß.

„Du bist so gut drauf."

„Ja, aber das verrat ich dir später. Willst du wieder ein Frühstückchen?"

Spiegelei mit Speck. Wenn ich nur daran denk läuft mir der Saft im Mund zusammen. Das mulmige Gefühl im Magen wandelt sich zu einem fordernden Knurren.

„Gib jedem Tag die Chance ein guter Tag zu werden. Her mit den Eiern. Mit Speck und O-Saft natürlich. Und Cappuccino."

Ohne Schwimmringe sieht eine Frau doch einfach besser aus als mit. Und Annett sieht noch viel besser aus, als die Bilder in meinem Schwimmringkopf. Dann genieße ich jetzt mal die Realität, ohne meine Fettpolster-Vorstellung.

„Darf es auch noch ein Champagner dazu sein?"

„Nur, wenn wir zusammen die Pulle austrinken."

„Ok."

Irgendwas muss richtig gut gelaufen sein. Annett hüpft davon.

Drei Zeitungen hängen noch am klassischen Zeitungsstock. Glück gehabt, heute lass ich es mal lieber ruhiger angehen. Erst mal lesen, was andere so tun, bevor ich mich wieder mit meiner Krise beschäftige.

Ich schnappe mir das Boulevardblatt, da weiß ich, dass ich nicht alles so ernst nehmen sollte, und Witze stehen auch noch drin. Große Buchstaben und bunte Bilder. „Bild dir deine Meinung". Dafür reicht es aus, oder einfach zur Unterhaltung, damit ich nicht ganz so verlassen da sitze. Heute ist schon der dritte Tag. Ich glaub, ich bin schon an dem Tisch angewachsen. Vielleicht kommt bald jemand und dekoriert mich als Puppe, die einen Gast darstellen soll. Allein zu sein ist manchmal richtig erdrückend.

Meine Reportage kann sich inzwischen aber sehen lassen. Vielleicht noch ein Punkt dazu, der 5 Minuten Sendezeit braucht, und dann ist sie fertig. Markus kann dann den Hörern eine halbe Stunde vormachen, dass er eine Ahnung davon hat. Immer das Gleiche, ich mach den Sisyphos, damit sich Markus als Held präsentieren kann. Den Zuhörern ist das egal. Hauptsache, sie bekommen ihre Unterhaltung. Und ich meine Kohle.

Das Thema Krise drängt sich immer weiter in mein Leben. Wenn ich es mit dem Ausspruch von Pfarrer Lebherz als Anstoß zur Veränderung betrachte: Was ist eigentlich mein Leben?

Was ist aus meinem Leben geworden, das trifft den Kern eher. Früher bin ich zweimal pro Monat zum Skifahren gefahren oder habe alle halbe Jahr einen Kurztrip in die Sonne gebucht. Egal wie, wenn kein Geld da war, ist mir immer was eingefallen. Oder ich hab an meinem Motorrad rumgeschraubt wie ein Profi. Irgendetwas unternommen.

Hauptsache machen.

Heute sitze ich hier und wundere mich, dass mir noch keine Spinnweben an der Nase hängen. Mache mir nur noch Gedanken über das Leben und lebe es nicht.

Ich bin froh, im Café zu sein und nicht zu Hause. Flucht mit der Ausrede Arbeit.

Egal ob ich die Reportage fertig hab oder nicht. Morgen komm ich wieder her.

„Hier deine Eier."

Leicht Rot ist sie bei dem Spruch geworden.

„Sorry, aber ich hab heute einfach einen guten Tag."

Na, wenigstens sie hat Spaß.

„Was gibt es denn so Tolles?"

„Sag ich dir nachher."

Und schon schwebt sie davon.

Was ist das für eine Tasche? Am Nachbartisch unter der Sitzbank lugt eine dunkelblaue Papiertragetasche hervor. Der weiße Aufdruck ist sehr schlicht gehalten. Heute hab ich hier noch keinen sitzen sehen.

Vorsichtig zieh ich an den Henkeln. Das Gewicht verrät einen nicht allzu leichten Inhalt. Eine Holzschachtel mit Wein. Aber kein Anzeichen, wem sie gehört. Mal sehen, welchen Geschmack hat der Käufer? Französischer Wein, schade. Hätte auch ein Guter sein können.

Ich mag italienische Weine und ein Spanier zwischendurch ist auch mal gut.

Doch zu den Franzosen hab ich noch keinen Zugang gefunden. Trotzdem ist meine Neugierde groß genug, um das Etikett genauer anzusehen.

Oho, eine nackte Frau mit zwei Engeln drauf. Schon mal nicht schlecht. Sieht aus wie ein Fresko aus einer alten Kirche. Oh Mann, ein Rothschild. Die Marke, mit der am meisten Schmu getrieben wird. Ich hab mal zu Weihnachten eine ganz Kiste von dem Zeug bekommen. Da war ich stolz wie Bolle. Hab mich meinem Chef aus Dankbarkeit fast vor die Füße geschmissen. Und dann hab ich mal gegoogelt. Gerade mal 5,99 € die Flasche. Und als ich sie probiert hab, wusste ich, warum. Weder Tiefgang noch Abgang. Wie Pennerglück vom Discounter.

Ich schiebe die Tasche unter meinen Stuhl. Wenn ich gehe, gebe ich sie am Tresen ab. Oder behalte sie selbst. Mal sehen.

Pascal kommt aus der Küche, aus der das Geklapper von Schüsseln, Pfannen und Töpfen dröhnt. Der Mittagstisch ist in Vorbereitung. Und auch im Nebenzimmer wird irgendwas vorbereitet.

Pascal erblickt mich, lächelt und bewegt sich auf mich zu.

Seine Rechte umschließt ein Messer das in seiner Pranke wie ein Zahnstocher wirkt. In der Anderen hält er eine Auster.

Sein Anblick würde jeden zahlungsunwilligen Zechpreller von seinem Vorhaben Abstand nehmen lassen. Selbst mit der Auster.

„Hallo Pascal, was machst Du heute Schönes? Sind Austern heute Mittagsmenü?"

Lachend setzt er sich mir gegen über.

„Nee, dat sicher net."

„Was machst du dann mit dem Ding?"

„Heute bekommen wir hohen Besuch. Mein ehemaliger Chef hat sich mit ein paar Kollegen zum Mittagessen angemeldet. Die kommen zu fünft. Und jetzt bin ich ganz schön angespannt."

Pascal kocht gut, für meinen Geschmack auf jeden Fall.

„Und, freust du dich drauf?"

„Klar, das ist für mich eine Riesenehre."

„Echt? Du kochst doch schon die ganze Woche für mich, ist das nicht Ehre genug?"

„Natürlich, ich bin ja auch schon ganz geschmeichelt. Aber die fünf Herren sind für mich einfach was Besonderes. Mein Ex-Chef hat drei Sterne, die anderen vier haben auch zwei bis drei Sterne. Mein Ex will ein bisschen angeben. Er geht mit ihnen in so ein einfaches Café und ich werde den Jungs ein Menü auftischen, das mindestens zwei Sterne verdient hat."

„Das hast du drauf?"

Seine Selbstsicherheit wird durch meine Stichelei nicht erschüttert.

„No problemo. Ich hab acht Jahre in unterschiedlichen Sterneküchen gearbeitet, keine unter zwei Sternen. Das Café mach ich nur bis zum Sommer und dann bin ich wieder weg. Und wenn ich mich heute richtig anstelle ... wer weiß?"

Der Typ hat es wohl drauf. Dann muss ich mich wohl wieder an einen neuen Namen für das Café gewöhnen.

„Ich probier das mit dem Kochen auch immer wieder, klappt nur nicht so ganz. Das ist eine eigene Kunst. Doch wie das Talent zum Malen oder Musizieren, fehlt es mir auch beim Kochen."

Pascal legt das Messer auf den Tisch.

„Da hast du Recht. Kochen ist eine Kunst. Und wie jeder andere Künstler spielen Köche mit den Sinneswahrnehmungen. Wir bedienen mindestens drei: Riechen, Schmecken und Sehen. Wir können sogar Gefühle beeinflussen."

„Und was mach ich da falsch? Ich hab die Sinne ja auch. Über Spaghetti komm ich aber nicht raus. Die Tomatensoße schaff ich in der Zwischenzeit, frisch zusammen zu bauen."

„Das ist wie bei jedem Künstler. Weißt du, wie ein Maler malt?"

„Pinsel, Leinwand, Farbe und gut is."

„Das sind nur die Materialien. Das Wichtigste fehlt aber: Er stellt sich das Bild im Kopf vor. Der Arm, die Hand und der Pinsel bringen sozusagen automatisch das innere Bild auf die Leinwand. Ähnlich bei einem Musiker und bei uns Köchen."

Stolz richtet er sich auf, so dass mich sein Name auf der Schürze fast anspringt.

„Ist bei mir natürlich noch viel intensiver. Zuerst stelle ich mir meine Gäste vor, wie sie sich wohlfühlen, wenn sie mein Essen genießen. Wie sieht das ganz Arrangement aus? So weiß ich, was alles dazu gehört. Daraus bastele ich mein Menü. Von der Deko bis zum Hauptgang."

Annett schmeißt mir beim Vorbeigehen ein Lächeln zu. Was sie wohl denkt?

„Dann stelle ich mir das ganze geschmacklich vor." Fährt Pascal fort. „Beim Kochen brauchst du deinen Geruchssinn und deine Fantasie. Wie soll es schmecken? Wie aussehen? Selbst Geräusche gehören dazu. Was meinst du, wie gut käme ein Gala-Menü zu lauter Techno- oder Hardrockmusik?"

Sein Blick geht ein bisschen zur Decke.

„Und daher würde ich sagen, sind wir Köche ebenfalls Künstler. Also wenn du wirklich gut kochen willst, fang in deiner Vorstellung schon mal an.

Denn wenn du dir nicht vorstellen kannst, wie irgendwas schmecken soll, wie willst du es dann würzen? Du brauchst Referenzpunkte und zwar auf den Kanälen, auf denen du das Gekochte auch empfängst. Wenn sich der Braten zart schneiden lässt, brauchst du eine Vorstellung davon, sonst merkst du es nicht. Außer du bekommst die Schuhsohle nicht durch und ärgerst dich."

Er kratzt sich philosophisch am Kinn.

„Wer das nicht drauf hat, hat in der kreativen Küche nix verloren. Dann soll er einfach nach Rezept kochen, da ist der einzige Vergleich die Waage. Oh, ich muss los."

Und rasch verschwindet Pascal in der Küche.

Die Küchentür schließt sich hinter ihm, da fliegt auch schon die Eingangstür auf. Ein riesiger Wollmantel mit Schal und Hut stürmt herein. Ohne nach links oder rechts zu schauen, stapft der Hüne durch das Café.

Der hat's aber mächtig eilig. Wenn er nicht gleich die Bremse zieht, durchbricht er die Wand neben mir. Er hechtet förmlich unter den Tisch. Sein Hut plumpst auf den Boden. Wie ein Igel im Laub durchforstet er den Boden unterhalb der Bank am Nebentisch. Nicht nur sein Hals ist geschwollen, auch seine Augen, sie treten wie zwei Eier aus dem hochroten Kopf hervor. Ich glaub, dem kann ich helfen.

Dampfend wie die Titanic bei voller Fahrt, steht der Hüne jetzt neben mir. So wie er schaut, geht er auch gleich unter.

„Suchen sie etwas?"

Ich kann ja mal unschuldig fragen.

„Etwas ist gut ..."

Der schnaubt immer noch wie ein Walross, jetzt mal mit mehr Luft.

„Ich hab hier gestern Abend eine Tüte stehen lassen."

„Wertvoll?"

„Nee, wichtig. Eine besondere Weinflasche für eine bestimmte Person. Und wenn ich mir vorstelle, wie sie irgendein Banause wie Bier runter schüttet, steigt mir der Hut."

Langsam kriegt der Kerl sogar Luft.

„Sie sind so außer sich wegen einer Flasche Wein? Sie machen mir nicht den Eindruck, dass sie Alkoholiker auf Entzug sind oder sich keine zweite Flasche leisten können."

Oh, jetzt kommt wieder mehr Farbe ins Gesicht des Großen. War ich ein bisschen zu frech.

„Wollen sie mich auch noch ärgern?"

„Nee, ganz im Gegenteil."

Jetzt guckt er mit seinen geschwollen Augen ungläubig.

„Meinen sie vielleicht diese Tasche?"

Mit meiner rechten Hand fische ich die Papiertüte unter meinem Stuhl hervor und lasse sie vor dem dicken Bauch baumeln.

„Gott sei Dank."

Mit seinen Pranken greift er gleich zu. Was wohl passiert wäre, wenn er mich beim Verlassen des Cafés mit der Tüte entdeckt hätte?

„Jetzt bin ich aber froh. Darf ich mich kurz setzen?"

„Klar."

„Marquard, Felix Marquard ist mein Name."

„Natan Voght."

„Angenehm, Herr Voght. Fräulein bitte ein Kaffee."

Vielleicht besser Wasser und ein Sauerstoffzelt.

Fräulein, wer sagt das heute noch. Aber das passt zu seiner ganzen Erscheinung.

„Kennen sie sich mit Wein aus?"

Jetzt sag ich lieber nein.

„Ein bisschen. Aber mehr im Trinken ..."

Mit seiner riesigen Hand holte er die Holzschachtel mit der Flasche aus der Tüte.

Hurra, jetzt kommt wieder eine nackte Frau zum Vorschein, das ist das Besten an der Flasche.

„Das ist ein Mouton Rothschild 2010."

„Aha."

Ich tue so, als ob ich das nicht vorher schon gesehen hätte. „Der hat 100 Punkte bei Falstaff, James Suckling und bei Parker and Wine Spectator jeweils 98 von 100 Punkten. Der hat 94% Anteil Cabernet Sauvignon, das ist der höchste Anteil in der Geschichte des Weinguts. Das Etikett wurde von dem Amerikaner Jeff Koons kreiert. Der ist einer der teuersten, noch lebenden Künstlern."

„Ok, und was kostet der Spaß?"

„Naja, 1000 Euro."

„Oh, Scheiße."

Das ist der Hammer.

„Wer trinkt denn so teuren Wein?"

Ungläubig schaut Herr Marquard mich an.

„Dafür geh ich doch eine Woche mit meiner Familie in Urlaub. Oder wenn mir die Kohle egal ist, schenke ich es doch den Armen. Anstatt es runterzuschlucken und urinal zu entsorgen."

Seine Augen kommen noch etwas stärker raus und am Hals schwellen seine Adern an.

„Das ist ein Geschenk. An eine wichtige Person."

„Bundespräsidenten oder Kaiser?"

Damit wollte ich eigentlich die Wogen glätten. Kommt wohl nicht so an. War vielleicht auch nicht angebracht im Hinblick auf den Wert des Geschenks.

„Haben Sie mal richtig im Dreck gesteckt? Mal so eine richtige Krise gehabt, mit allem drum und dran? Keine Vorstellung mehr gehabt, wie es weiter gehen soll? Wenn Sie mal so tief drin sind und die einzigen Möglichkeit für Ihr Leben die Exit-Taste ist?"

Herr Marquard nimmt einen hastigen Schluck von seinem Kaffee. Dabei schaut er in sich hinein, als ob er das Ganze noch mal vor seinem inneren Auge ablaufen lässt. Es vergeht fast eine Minute bis er mich mit etwas verklärtem Blick anschaut.

„Wissen Sie, was es heißt, sich nicht mehr vorstellen können, zu leben? Dann sind Sie fertig!"

In seinem Gesicht steht geschrieben, dass er weiß wovon er spricht. Macht nicht den Eindruck, als wäre er ein Weichei. Eher ein Mann der anpackt. Kräftig anpackt. Ein Mann wie ein Baum, und zwar alte deutsche Eiche.

Seine Hände sind nicht umsonst so groß. Ein Mensch, der alles fest im Griff hat.

„Nein, ich mach mir zwar gerade Gedanken über Krisen, doch so eine richtige Lebenskrise hab ich bisher nicht gehabt. Gott sei Dank."

„Sehen Sie? Und was würden Sie dann jemanden geben, der Ihnen herausgeholfen hat? Sicher irgendwas Besonderes oder?"

„Klar, wenn man mal so tief drin stecke und jemand bringt mich da raus, dem wäre ich auch dankbar. Aber 1.000 € die Flasche?"

„Was ist für Sie ein erfülltes Leben denn wert? Nicht nur lebensfähig, richtig erfüllt."

Hat der den lieben Gott getroffen? ... würde mein hektischer Freund Felix sagen, der eher eine Dramaqueen ist, doch bei Herrn Marquard hier sieht das irgendwie anders aus.

„Vor zwei Jahren im Sommer: Mein Laden lief richtig gut. Eine kleine aber feine Ingenieurschmiede. In der Branche waren wir die coolen Jungs. Als Underdogs gestartet und den Großen eine lange Nase gedreht."

Marquard zieht ein übergroßes Taschentuch aus der Tasche. Wer benutzt denn so etwas noch?

„Dazu müssen sie wissen, dass ich Ingenieur bin. Ich hatte das Patent auf eine kleine, aber bahnbrechende Erfindung, die voll einschlug.

Ich suchte mir einen Kompagnon für Verkauf, Büro und Finanzen und wir haben richtig losgelegt."

Jetzt bläst er wie ein Elefant ins Tuch. Mann, hat der eine Puste.

„Fast alle namenhaften Autohersteller gehörten zu unseren Kunden. Wir bauten eine eigene Produktion auf. Neue Produkte kamen dazu. Unsere Marke wurde zu einem „Must Have". Innerhalb kürzester Zeit wuchsen wir auf achthundert Mitarbeiter. Für unsere Renditen küssten uns die Investoren die Füße.

„Mit viel Geld in der Tasche kann man große Sprünge machen."

„Das machten wir auch. Neubau, mit allem Schnickschnack, inklusive pompöser Eingangshalle. Dazu eine Kantine mit feinster Speisekarte und gemütlichen Entspannungsecken. Fitnessbereich mit Coaches und Masseuren."

„Klar, dann spielt auch eine Flasche Wein für 1.000 € keine Rolex mehr."

„Doch alles Gute endet einmal. Eines Montagmorgens klingelte das Telefon auf meinem Marmorschreibtisch. Mehrere Herren von der Polizei und vom Finanzamt seien auf dem Weg zu mir, um mit mir zu reden."

„Das lässt nichts Gutes erahnen."

„Ich sage Ihnen, ich fühlte mich wie in einem Kinofilm. Die Polizisten erzählten mir, dass mein Kompagnon Selbstmord begangen hatte.

Und die Herren vom Finanzamt erklärten mir, warum. Der Drecksack hatte hinter meinem Rücken die komplette Firma ausgeweidet. Firmengelder unterschlagen und verspekuliert, Steuern hinterzogen, Drogenexzesse auf Spesenkosten. Sogar seine Anteile an der Firma hat er einer Bank verpfändet."

Herr Marquard starrt vor sich hin, bis ihn ein Ruck durchfährt und er mir in die Augen sieht.

„Die folgende Wirtschaftsprüfung war ein Alptraum. Die Steuerfahndung stülpte jede kleinste Büroschublade um. Der Typ hat alle Patente an einen Großproduzenten verjubelt, dem ich mehrmals versichert hatte, er könne sich sein vieles Geld sonst wohin stecken. Das tat dreifach weh."

Mit seiner rechten Pranke fährt sich Herr Marquard durchs Gesicht, als ob er etwas wegwischen wollte.

„Geld, das nur rumliegt, ist totes Kapital. Das war sein Standardspruch. Jetzt war er tot und unser Kapital lag irgendwo anders. Geld weg, Patente weg, Kunden weg. Schlussendlich machte der Insolvenzverwalter als Letzter die Tür zu."

„Das war sicher ein Erdrutsch."

„Ich trug es mit Fassung.

Schließlich hatte ich ihm vertraut und er hatte mir nie einen Grund gegeben, das nicht zu tun. Irgendwie fühlte ich mich im Recht und das gab mir Kraft. Meine engsten Mitarbeiter verstanden mich, der Rest jedoch weniger und die Presse schon gar nicht."

„Wann hat die Presse schon mal für etwas Verständnis?"

„Am liebsten hätten die mich in den Knast gesteckt. Die Hetzartikel hörten nicht mehr auf. Wie die Aasgeier riss sich jeder ein Stück Sensation aus meinem Schicksal. Die Wahrheit interessierte da niemanden mehr."

„Wie sind Sie damit umgegangen?"

„Wie gesagt, ich fühlte mich im Recht. Aber meine Frau ist daran zerbrochen. Sie ..."

Meine Zunge steckt im Mund fest, wie ich diese imposante Erscheinung da vor mir sehe. Mit zitterndem Kinn und roten Augen. Wieder durchfährt ihn ein Ruck. Er strafft sich und trinkt seine Tasse aus. Er holt aus seiner Hosentasche wieder sein Taschentuch hervor.

„Das war hart. Sie hat sich mit Schlafmittel erlöst."

Die Untertreibung des Monats.

„Und wer hat sich diese Flasche verdient?"

„Ein Fremder. Ich zog mich für eine Woche an die Nordsee zurück. Seeluft macht den Kopf klar. Auf einem Spaziergang brach ich zusammen. Eine halbe Stunde heulte ich ununterbrochen. Da spazierte ein Bauer mit Sense an meiner Bank vorbei. Als wäre es das Natürlichste der Welt, setzte er sich neben mich und fragte, was denn los sei."

Sein Kaffee ist leer. Er gibt Annett ein Zeichen, dass er noch einen möchte.

„Ich quatsche ihn also mit meiner Geschichte voll und er tut so, als hätte er sonst nichts zu tun. Als ich fertig bin, fängt er seinerseits an zu erzählen. Ebenfalls eine traurige Geschichte. Ihm hat ein Feuer alles genommen, doch er erklärte mir, dass wir noch leben. Und leben heißt, dass wir immer eine klare Vorstellung von unserer Zukunft brauchen, ob kurz- oder mittelfristig. Nicht nur in Zahlen, sondern in unseren Herzen. Ein Brennen, das uns Leben gibt."

Sein Taschentuch muss wieder der Druckwelle eines mittleren Orkans standhalten.

„Er war eigentlich Rentner, sehr erfolgreich und auch reich. Das war es auch, was ihn als Bauer so komisch aussehen ließ. Er bewirtschaftete manchmal einen kleinen Hof. Als Hobby. Die Gegend reinigt den Kopf, sagte er."

„Er wurde mein Wegbegleiter.

Durch ihn konnte ich mir wieder eine positive Zukunft vorstellen. Das ist immer der Anfang. Egal, ob wir etwas entdecken, entwickeln, designen, Grenzen überwinden, Neues erschaffen. Zuerst müssen wir ein inneres Bild davon in unseren Köpfen verankern. Fehlt uns dieses Bild, können wir keine Lösungen erschaffen.

Das heißt, wir bleiben solange in unseren Problemen stecken, bis wir darin ersticken. Es ist, wie in einem Moor zu versinken und die einzige Lösung, die uns noch einfällt, ist das Untertauchen. Selbstmord."

Seine Miene versteift sich wieder für einen Augenblick.

„Und wie hat der Hobbybauer Ihnen geholfen?"

„Indem er mir zeigte, wie ich Visionen und Vorstellungen von einer positiven Zukunft entwickle. Nicht, indem er mir sagte, wo es hingeht, sondern indem er mir zeigte, wie schön es ist, Lebensvorstellungen zu haben und zu entwickeln. Dabei fragte er mich vorsichtig, beharrlich und immer intensiver, was ich will."

Ein tiefer Seufzer und Herr Marquard sitzt wieder gerade und aufrichtig.

„Das war gar nicht so einfach. Wie soll man sich ein positives Bild von seiner Zukunft machen, wenn alles in Trümmern liegt?"

„Und wie hat er es doch geschafft?"

„Durch Gespräche und Beispiele. Einmal legte er mir Malstifte hin, ein andermal einen Fragebogen über das Leben. Er hat mich nie gezwungen, sondern immer eingeladen, meine Haltung zu dem Geschehenen und der Zukunft zu verändern."

Ich glaube, jetzt ist das Taschentuch entlassen für heute. Herr Marquard hat seine Fassung wieder zurück gewonnen.

„Dinge sind, wie sie sind. Es geschieht, was eben geschieht. Irgendwann konnte ich die Vergangenheit so betrachten. Ich hab getrauert, dass es mir passiert ist, bis ich keinen Groll mehr in mir spürte. Erst dann hatte ich den Mut und den Willen, die Frage ‚was willst du?' Schritt für Schritt, für jede Lebenslage zu beantworten. Ja, ich habe sie sogar lieben gelernt und zu meinem Lebensmotto gemacht."

Er ballt seine rechte Pranke zu einer Faust.

„Dann hab ich mein Leben wieder in die Hand genommen, ich wurde wieder erfolgreich. Erfolg ist ganz einfach. Wenn ich eine Vorstellung habe, diese erreiche und sich dabei ein Gefühl der Begeisterung einstellt, empfindet sich jeder Mensch als erfolgreich.

Wichtig ist dabei immer die eigene Vorstellungskraft, die Haltung zur Vorstellung und das Gefühl der Begeisterung."

Herr Marquard nimmt einen Schluck und jetzt wirkt er wieder wie ein Felsklotz in der Brandung. Einfach stark.

„Das Gefühl ist der ausschlaggebende Punkt. Mein Freund hat mich dazu gebracht, das Gefühl der Begeisterung für mich zu definieren, so dass ich es immer ansteuern und erreichen kann. Es geht nämlich nicht um irgendein Gefühl, sondern um ein ganz bestimmtes und das ist für jeden individuell."

Aus der anderen Hosentasche fummelte er einen kleinen Würfel hervor. Ich kann nicht viel erkennen. Herr Marquard starrt auf eine der 6 Seiten, auf der 2 Buchstaben stehen.

„Die eigene Begeisterung, das Gefühl, welches mich antreibt und erfüllt, in zwei Worten. Klar und Unmissverständlich. Exakt und vor allen Dingen beweisbar. Man könnte sagen, diese zwei Worte definieren mein persönliches ‚Glück'. Viele Menschen verbinden Glück mit Personen, Orten und Situationen. Doch beim zweiten oder dritten Mal lässt das Glücksgefühl schon nach. Weil die Person, der Ort und die Situation so eigenständig sind wie das Gefühl. Keine Erfahrung gleicht der anderen.

Und wenn ich nicht weiß, was mich glücklich macht, bemerke ich nur, dass es jetzt nicht mehr so ist. Dann benutz ich halt die Eselsbrücken von Person, Ort und Situation, um zum Glück zu gelangen."

Bis jetzt klang alles vernünftig. Jetzt bekomme ich das Gefühl, die Psychiatrie sollte ein paar nette Männer mit der großen Betäubungsspritze vorbei schicken oder die Esoteriker einen Engel.

„Sie glauben mir nicht." bemerkt Herr Marquard.

„Nein. Das stimmt nicht. Aber ich versteh Sie nicht."

„Entschuldigung. Es ist schwer zu erklären. Mit anderen Worten: Ich muss mein Gefühl von Glück exakt definieren, um es erreichen zu können. Sonst ist Enttäuschung vorprogrammiert. Erst wenn ich mein Glück definiert habe, kann ich es erreichen. Es ist wie beim Navigationssystem im Auto: Ort, Straße, Hausnummer, Stockwerk. Je genauer, desto eher kommen sie an."

„Ok, jetzt macht das Sinn."

Herr Marquard steckt den Würfel wieder ein.

„Jetzt kann ich ohne Wut auf meine berufliche Vergangenheit zurückblicken. Die Erinnerung an meine Frau ist mit Liebe verbunden. Ich besitze annähernd so viel als zuvor und kann einem wichtigen Menschen eine Freude machen.

Ist da eine Flasche teurer Wein angemessen?"

Wir beide kennen die Antwort.

„Eigentlich unbezahlbar, was er für mich getan hat. Er genießt so gerne Wein, das haben wir am Strand oft zusammen gemacht. Von diesem hier hat er mir oft erzählt. Wie er angebaut wird, wie toll er die Idee mit der Kombination Wein und Kunstwerk findet und wie gut er sich vorstellen kann, ihn zu genießen."

„Dann ist der Wein auf jeden Fall das richtige Präsent."

„Ja, und doch nur eine kleines Dankeschön."

Herr Marquard holt aus der Innentasche seines Mantels einen prallen Geldbeutel hervor. Ein Zeichen zu Annett, die sofort angehüpft kommt. Was ist denn heute mit ihr los?

„Sie möchten zahlen?"

„Ich möchte und ich werde." sagt er mit einem Lächeln.

Der Geldbeutel ist reichlich bestückt. Sowohl mit Bargeld, als auch mit Plastik. Herr Marquard hält Annett einen Fünfziger hin.

„Der Herr ist eingeladen und der Rest ist für Sie."

Da ist sogar Annett sprachlos. Fast.

„Danke." bekommt sie noch raus und geht.

Herr Marquard steht auf und schiebt sich in seinen schweren Mantel. Sein Briefbeschwerer von Geldbeutel thront immer noch auf dem Tisch.

„Ich hab mir mein neues Reich in der Alten Spinnerei erschaffen. Kennen Sie die?"

„Klar. In der Rheinstraße."

„Kommen Sie mal vorbei, wenn sie Lust haben. Bei mir gibt's auch guten Kaffee."

Bevor er den Geldbeutel einsteckt, nimmt er einen großen Schein raus.

„Ein Finderlohn steht Ihnen auf jeden Fall zu. Kaufen Sie sich eine gute Flasche Wein und trinken Sie auf mein Wohl. Ich hoffe, wir sehen uns wieder."

Da bleibt auch mir die Spucke weg. Hundert Euro. Zehn Prozent. Da hält sich jemand an die Spielregeln.

„Sicher. Und danke."

Ich halte ihm die Hand entgegen und bereue es sofort. Der Kerl würde sogar unserem guten Franz die Hand zerquetschen. Ich lasse mir nichts anmerken. Ehrensache. Erst, als er zur Tür raus ist, massiere ich meine Hand. Dieser Mann hat echt was hinter sich gebracht.

Krise und wieder Erfolg. Was hat er noch alles erzählt? Schnell aufschreiben.

Vorstellung vom Leben, Grenzen überwinden, Neues erschaffen, in den Gedanken...

„Was hast du dem denn getan? Der sah ganz glücklich aus, als er ging?"

Annett setzt sich an meinen Tisch.

„Naja, er hat hier gestern eine Weinflasche vergessen, die er einem ganz wichtigen Freund geben wollte und ich hab sie gefunden."

„Und dafür hat er dir einen Hunderter zugesteckt?"

„Du siehst ja alles!"

„Claro."

„Der Schein passt schon zum Wert der Flasche, die kostet nämlich 1.000 Euro." Referiere ich, als hätte ich das bereits beim ersten Blick auf das Etikett erkannt.

„Nee."

„Doch. Kein Witz."

„Dann hab wir alle einen Glückstag, der Mann hat den Wein und du die Kohle."

„Und was ist mit dir? Warum grinst du schon den ganzen Tag und hüpfst hier rum als...?"

Annett dreht sich um, so als ob sie hinter sich einen Spion vermutet.

„Ok, ich verrat es dir. Aber Klappe halten."

„Versprochen."

„Hast du schon mal von etwas geträumt? Einer Sache, die du gerne mal tun willst? Du stellst dir die ganze Zeit vor, wie genial es sich anfühlen wird. Dann ist der Zeitpunkt da und die Wirklichkeit toppt noch jede Fantasie."

Klar kenn ich dass, leider nur aus meiner Glanzzeit als junger Rennfahrer auf dem Motorrad. Ich war richtig gut. Ich konnte vor dem Rennen schon den Pokal in meinen Händen sehen, spüren, wie geil der Sieg ist und den Jubel auf dem Treppchen hören. Das ist lange her.

„Ja, hab ich mal."

„Siehst Du? Ich auch. Gestern. Ich hatte meinen ersten Auftritt vor einem großen ausverkauften Haus. Ab jetzt bin ich eine richtige Schauspielerin."

Sie reckt die Nase in die Höhe.

„Wo, wie, was? Du schauspielerst?"

„Habe ich nicht manchmal müde auf dich gewirkt? Zwar immer gutgelaunt aber mit Ringen unter den Augen."

Jetzt bloß nicht lügen. Frauen mögen an sich keine Ringe, außer aus Gold, Silber, ...

„Nein."

„Nun, ich hätte manchmal im Stehen schlafen können. Abends proben, tagsüber kellnern.

Das schlaucht mit der Zeit. Aber es hat sich gelohnt. Mein Traum ging endlich in Erfüllung."

So wie sie strahlt, war es wohl der Traum ihres Lebens.

„Gratuliere. Dann bist du sicherlich bald berühmt. Kann ich ein Autogramm haben?"

„Mach dich nur lustig. Das juckt mich nicht. Das Gefühl, vor so vielen Leuten zu spielen, ist unbeschreiblich. Ich hab es mir immer schon ausgemalt, doch es zu erleben, ist einfach Wahnsinn."

„Das freut mich ehrlich für dich."

„Danke."

Und schon hüpft sie wieder davon.

Schön für sie, das bildet einen Referenzpunkt, wenn ich sie mit mir vergleiche. Früher, beim Rennfahren war ich auch so drauf. Heute fühle ich mich wie in eine andere Galaxie verband.

Was hat Herr Marquard nochmal erzählt?

Eine Vision vom Leben entwickeln. Innere Vorstellungen auf allen Kanälen. Wenn ich keine innere Vorstellung von meinem Leben habe, ist die Sache durch.

Man kann sich dann nur noch mit bisherigem Versagen beschäftigen und kommt zwangsläufig immer tiefer in die Scheiße.

Das ist wohl der Schlusspunkt, um ein Krise zu komplettieren. Wenn selbst die Annahme von einer positiven Zukunft nicht mehr existiert, ist die Krise unausweichlich.

Der restliche Cappuccino ist kalt. Der Genuss ist wohl vorbei.

Ich blättere meine Notizen durch, rechne die Zeit grob zusammen, die das Material hergibt. Und es reicht dicke. Wahrscheinlich muss ich am Ende sogar noch was raus streichen.

Markus wird froh sein, dass ich es geschafft hab. Mit der Kohle wird Steffi auch wieder beruhigt Weihnachten feiern können.

Doch was ist eigentlich mit mir?

Wo sind meine Vorstellungen?

Was sind meine Träume?

Was will ich noch in meinem Leben erreichen?

Jetzt hab ich mir drei Tage um die Ohren geschlagen und meine Gedanken kreisen mehr um das Thema Krise als jemals zuvor.

Und was hab ich davon?

Ich weiß, dass ich nix weiß.

Jetzt hab ich so viele Informationen zusammen und weiß nichts damit anzufangen.

Menschen kommen in eine Krise, wenn sie nur einen Königsweg kennen, die Prozesse für beendet erklären, alles zum Muss machen, das Risiko nicht bewusst eingehen, ihre Gedanken problem- und vergangenheitsorientiert sind, die Vorstellung nicht konkret definieren und keine klare Gedanken von einer positiven Zukunft haben. So weit so gut.

Wenn ich mein Leben so betrachte, läuft alles den gewohnten Weg, Zeitdruck kenn ich ohne Ende, meine Frau, meine Kinder und Chef erklären mir schon, was ich alles muss. Risiko meide ich wie die Pest, suche vermeintliche Sicherheit an allen Ecken und Enden. Dass meine Gedanken immer um die Alltagsprobleme kreisen, ist doch klar. Wo bekomm ich den nächsten Auftrag her, wie lange reicht die Kohle noch?

Die Träume von perfekter Familie, Erfolg und Gesundheit hab ich bereits aufgegeben und das Überleben definiere ich schon als höchstes Gut und Zufriedenheit als Hochgefühl. Wie so viele anderen auch. Wenn ich ehrlich zu mir bin, hab ich keine Ahnung, wie das enden soll. Selbst den Lottogewinn hab ich ausgeschlossen, denn ich Spiel schon seit 10 Jahren nicht mehr.

Ich fühle mich getrieben. Wie in einer Tretmühle. Leben passiert höchstens draußen, vor der Tretmühle.

Ich dachte, das Thema Krise geht mich nichts an. Stattdessen habe ich immer mehr das Gefühl, in einem Eimer aus Scheiße zu stehen und mit jedem Gedanken noch tiefer zu versinken.

Das erhöht den Druck immer mehr.

„Zahlen."

Ich muss raus.

Keine Plänkelei mit Annett.

Nur raus.

Ich stapfe durch die Gassen. Ziellos. Den Schnee auf meinem Gesicht nehme ich nicht mehr wahr.

Mein Blick klebt auf dem Boden.

Weg.

Doch wohin?

Ich weiß es nicht.

Ich kann ein Ziel nur dann erreichen, wenn ich mir eine Vorstellung davon mache. Das geht am besten, wenn ich meine Sinne dazu einsetze (visuell, auditiv, kinästhetisch, olfaktorisch, gustatorisch). Wenn ich mir nicht mehr vorstellen kann, dass mein Problem lösbar ist, ist die Krise unausweichlich. So schaufle ich mir mit fester Überzeugung mein Grab. Und das wars dann …

BAUANLEITUNG TEIL II

WIR BAUEN DEN ERFOLG

Eine Krise zur Veränderung? Wie ich eine Krise bekomme, ist klar.

Wenn wir keinen Weg und keinen positiven Ausgang für unsere Wunschvorstellung vor Augen haben, entsteht eine Krise.

Zusammengefasst in Kapiteln:

Königsweg -> Flexibilität verloren

Die Deadline -> beim kleinsten Wider stand den Kopf in den Sand stecken und tot stellen

Die Überlebenslinie -> nur noch Kampf und Krampf, denken unmöglich

Blinde Kuh -> Schreckhaft werden wie ein scheues Reh

Die Realität -> Schaffen einer Welt, die die Möglichkeit des Erfolges ausschließt und Grenzen aus den Gedanken heraus definieren

Klar wie Kloßbrühe -> Je unklarer Dinge definiert sind, desto weniger kann ich sie erreichen

Der Beweis -> Fehlt die innere Vorstellung, so habe ich keinerlei Möglichkeit festzustellen, ob ich etwas erreicht habe.

Doch was hilft uns dieses Wissen? Erreichen wir dadurch etwas Positives? Werden wir dadurch erfolgreich?

Nein, unsere Situation wird nur unerträglicher und schmerzvoller, der Druck steigt. Das Problem mit diesem Umweg über die Krise ist, dass wir das Verlangen nach der Veränderung steigern, ohne zu wissen, wohin wir wollen. Also werden wir in der Scheiße stehen bleiben, denn sie gibt einen sicheren Stand und hält uns wenigstens warm. Stinkt es uns dann zu arg, können wir mit panischen Attacken hoch springen, doch dadurch gewinnen wir nur kurzfristig frische Luft und landen doch wieder in der gleichen braunen Masse. Eine Idee, was wir an Stelle des Braunen haben wollen, wird dadurch nicht gewonnen.

Dies ist eine klassische Vermeidungsstrategie. Sie sagt uns nicht, was und wohin wir wollen. Den Weg zum Erfolg über eine Krise?

Sicher nicht.

Was brauchen wir dann? Wie kommen wir aus dem Morast raus? Positives? Hinzu orientiert? Werden wir dadurch nun erfolgreich?

Klar.

Erfolg entsteht immer dort, wo wir klare Vorstellungen von unseren Zielen, die Überzeugung, es zu erreichen und den unbändigen Drang haben, es zu bekommen. Nur so entsteht Erfolg.

Wie geht das? Die 7 Kapitel rückwärts lesen und das Gegenteil zur Erreichung einer Krise machen.

Der Beweis -> Klare innere Bilder von meinem Ziel erzeugen

Klar wie Kloßbrühe –> Klare Definition, damit es messbar wird

Die Realität -> positive Annahme über mich, das Ziel und den Weg dahingehend gestalten

Blinde Kuh -> das Risiko im Vorfeld be wusst eingehen

Die Überlebenslinie -> Klarheit über die zwingend notwendige Dinge schaffen, um so schnell wie möglich in die Flexibilität und Kreativität zu kommen

Die Deadline - > Das Leben ist ein fort laufender Prozess. Da sich immer alles ändert, lohnt sich ein weiterer Versuch, um dann erfolgreich zu sein

Königsweg -> Je mehr Möglichkeiten, also Wege ich habe, desto leichter und schneller reiche ich mein Ziel.

Zeitfracht Medien GmbH
Ferdinand-Jühlke-Straße 7
99095 Erfurt, Deutschland
produktsicherheit@kolibri360.de